原価・管理会計

高松　和宣

五絃舎

はしがき

　情報化社会といわれて久しい今日，情報の氾濫により情報の取捨選択が個人の日常生活においても企業の経営活動においても，ますます重要となってきた。企業が発信する情報には様々なものがあるが，その中でも客観的に評価でき，信頼しうる情報がある。それが会計情報である。会計情報の特徴は，企業の経済的活動を貨幣評価するものであり，その代表的な技法面としては複式簿記や原価計算・予算などが挙げられ，また理論面では財務会計・管理会計などが挙げられる。

　このような会計情報の技法面・理論面のうち，とくに技法面を中心に企業にとって必要不可欠な事柄を取り上げる。言い換えるならば，これらの技法なしには会計情報の客観性・信頼性を確保出来ない。

　このような意味から本書は，大学で使用する原価計算・管理会計のテキストを前提に，その基本的な内容を基に編集されている。ここでは，製造業で欠かすことが出来ない技法である原価計算を中心にその流れの中での管理会計を位置づけている。すなわち，『原価計算基準』に示されているように原価計算は，その目的として，企業が外部に報告する財務諸表の作成に役立つという機能と，企業の内部において経営管理者が行う経営管理活動に役立つという機能をもっている。前者は，財務会計としての機能であり，後者は，管理会計としての機能である。

　本書は，第Ⅰ部の管理会計と原価計算では会計情報としてそれぞれの位置づけを述べ，第Ⅱ部の実際原価計算では企業が外部利害関係者に発信する原価情報の作成の流れを述べ，第Ⅲ部の原価計算と管理会計では企業の経営管理（計画－統制）への役立ちから原価情報の有用性を述べ，第Ⅳ部の管理会計の方法では意思決定への役立ちから会計情報の有用性を述べている。

　しかし，ここでは基本的な事柄を取り上げているだけで，学際的な管理会計

では，このような内容だけではまだまだ不十分であり，これについては次回にゆずることとしたい．また，浅学ゆえに説明が至らぬ点が多々あるが，これについても今後の課題としたい．

　本書の出版にあたって，無理を承知で快くお引き受け下さった五絃舎の長谷雅春氏には，編集・校正など多岐にわたり多くのご尽力・ご苦労を頂いた．この場をお借りして感謝の意を申し上げたい．

2006年葉月

高松和宣

目　次

はしがき

第Ⅰ部　管理会計と原価計算

第1章　管理会計の体系 ——————— 3
- 第1節　会計情報システム …………………… 3
- 第2節　財務会計と管理会計 ………………… 6
- 第3節　意思決定会計 ………………………… 9
- 第4節　業績管理会計 ………………………… 11

第2章　原価計算基準と原価計算の概念 ——— 14
- 第1節　原価計算基準 ………………………… 14
- 第2節　原価の一般概念 ……………………… 18
- 第3節　原価の諸概念 ………………………… 20
- 第4節　原価要素の分類 ……………………… 24

第3章　原価計算制度と原価計算方法 ——— 28
- 第1節　原価計算制度 ………………………… 28
- 第2節　原価計算の方法 ……………………… 31

第Ⅱ部　実際原価計算

第4章　費目別原価計算 ——————— 39
- 第1節　材料費の計算 ………………………… 39
- 第2節　労務費の計算 ………………………… 41
- 第3節　経費の計算 …………………………… 42

第5章　部門別原価計算 ――――――――――――――― 44
　第1節　部門別計算と原価部門 ……………………………… 44
　第2節　部門別計算の手続き ………………………………… 45
　第3節　補助部門費の配賦 …………………………………… 48
第6章　製品別原価計算 (1) 総合原価計算 ―――――――― 59
　第1節　単純総合原価計算 …………………………………… 59
　第2節　工程別総合原価計算 ………………………………… 69
　第3節　加工費工程別総合原価計算 ………………………… 72
　第4節　等級別総合原価計算 ………………………………… 74
　第5節　組別総合原価計算 …………………………………… 76
　第6節　副産物・作業くずの処理 …………………………… 78
　第7節　連産品の計算 ………………………………………… 80
第7章　製品別原価計算 (2) 個別原価計算 ―――――――― 83
　第1節　個別原価計算の方法 ………………………………… 83
　第2節　製造間接費の配賦 …………………………………… 84
　第3節　仕損費の計算と処理 ………………………………… 91
　第4節　作業くずの評価と処理 ……………………………… 92
第8章　販売費及び一般管理費の計算 ―――――――――― 94
　第1節　販売費及び一般管理費 ……………………………… 94

第Ⅲ部　原価計算と管理会計

第9章　直接原価計算 ―――――――――――――――― 99
　第1節　直接原価計算の有用性 ……………………………… 99
　第2節　直接原価計算の会計処理 ………………………… 109
第10章　標準原価計算 ――――――――――――――― 112
　第1節　標準原価計算とその目的 ………………………… 112
　第2節　標準原価の種類 …………………………………… 113
　第3節　標準原価の設定 …………………………………… 115

第 4 節	標準原価の改訂と指示	118
第 5 節	標準原価計算の会計手続	120

第11章 原価差異の計算と分析 — 122
　第 1 節　実際原価計算制度における原価差異 …………… 122
　第 2 節　標準原価計算制度における原価差異 …………… 124

第Ⅳ部　管理会計の方法

第12章 意思決定会計と特殊原価調査 — 137
　第 1 節　意思決定会計 ……………………………………… 137
　第 2 節　特殊原価調査 ……………………………………… 142

第13章 業績管理会計と予算管理 — 151
　第 1 節　業績管理会計 ……………………………………… 151
　第 2 節　予算管理 …………………………………………… 153

第14章 ABCとABM — 162
　第 1 節　活動基準原価計算 ………………………………… 162
　第 2 節　ABCとABM ……………………………………… 169

参考文献 ——————————————————————— 175
索　　引 ——————————————————————— 177

第Ⅰ部　管理会計と原価計算

第1章　管理会計の体系

第1節　会計情報システム

1　会計情報システム

　会計情報システムは，常時継続的に行われる企業の経営活動に関する会計システムである。すなわち，それは複式簿記の原則のもとに，**勘定機構**によって有機的に結合し，勘定機構をもって統括される企業内の制度としての会計情報システムである。したがって，それは一時的・随時的なプロジェクトに関する情報とは関連をもつが，一体的なものとして統合されるものではない。

　会計情報システムは，企業内において継続的に行われるシステムであって，それは，企業の利害関係者への財務報告のための資料を提供するとともに，経営管理のための会計情報を提供するものである。したがって，財務会計に関する会計情報システムと，管理会計に関する会計情報システムとを統合し，これを一連の計算構造のなかに包含するシステムである。

2　伝統的な会計情報システム

　会計情報システムについて，ゴットフレイ＝プリンスは，「伝統的会計システムの一般的モデル」として，次ページの図を示している（J. T. Godfrey and T. R. Prince, The Accounting Model from an Information Systems Perspective, *Accounting Review*, Jan. 1971.『会計情報システム』会計情報システム研究会編，日本生産性本部，昭54，22ページ）。

　モデルには，図に示されているように，情報処理の段階に応じて4つのフィルターがあり，システムのそれぞれのフェイズを形成している。それぞれのフィルターの属性は，図の下部に示すとおりである。

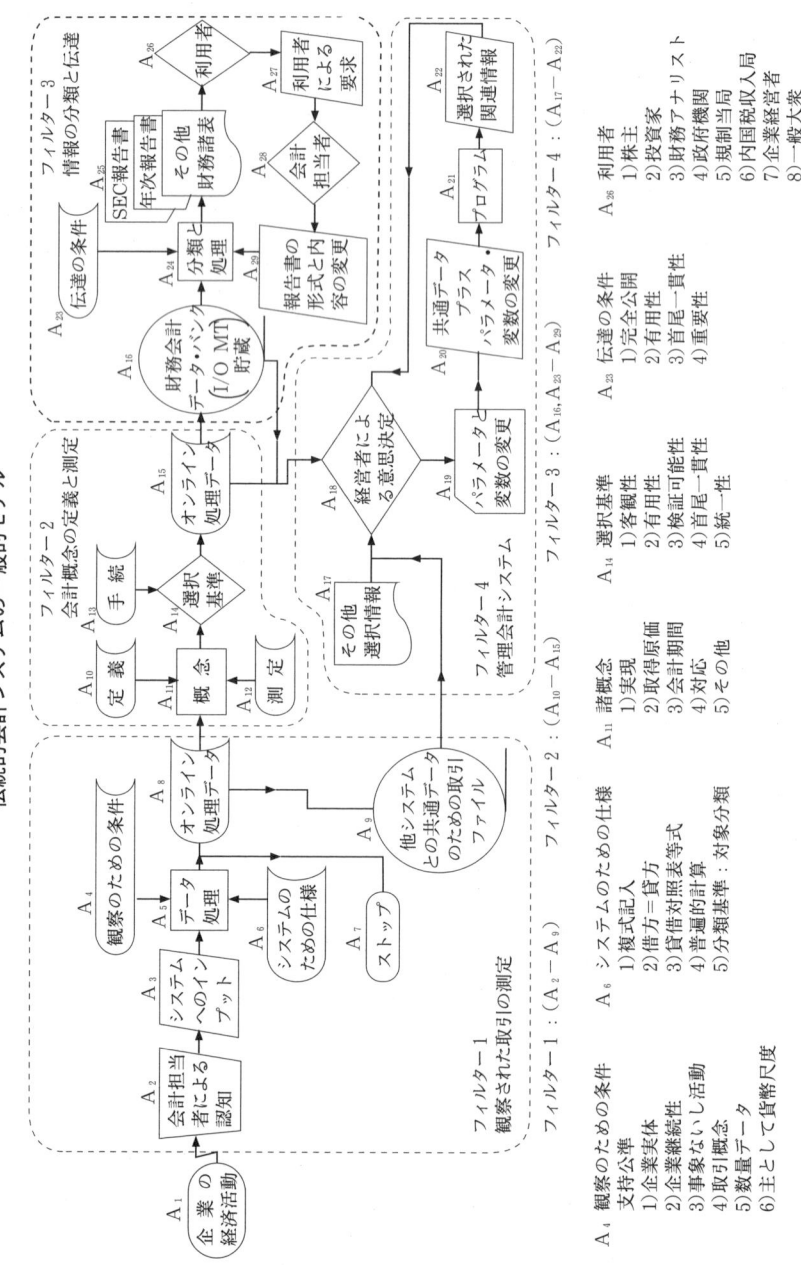

伝統的会計システムの一般的モデル

フィルター1は「観察された取引の測定」であり，企業の経済活動（A_1）について，会計担当者（A_2）による会計情報の第1次識別と測定で，それは会計の基礎的公準（A_4）と複式簿記機構（A_6）というフィルターを通して行われる。A_4およびA_6において，会計情報の識別と測定のための情報処理のルールが，プログラム化されてオンラインでシステムに内蔵されている。こうした情報処理のルールにはずれたデータは，A_7でシステムを離れる。

フィルター2は「会計概念の定義と測定」であり，「財務会計モデル」を表わす。すなわち，第1次フィルターを通過したデータが，財務報告の情報となるためには，A_{11}で財務会計の諸概念による第2次処理が行われる。この処理を終えた情報は，A_{13}に含まれる一般に認められた会計原則の選択適用（A_{14}）を受けて，A_{16}の財務会計データ・バンクに貯蔵される。

フィルター3は「情報の分類と伝達」であり，A_{16}のデータ・バンクに貯蔵された財務会計情報を，各種の報告目的に従って分類し伝達するための処理機構を表わす。伝達の条件はA_{23}でプログラム化され，A_{24}の分類と処理は，これを受けて財務諸表目的のために，会計情報を処理するためのコンピュータ・プログラムを表わす。A_{27}の利用者による要求は，追加的な情報の要求を表わし，会計担当者は報告書の形式と内容を変更し（A_{29}），分類と処理のプログラム（A_{24}）にフィード・バックされる。

フィルター4は「管理会計システム」であり，その中心はA_{18}の経営者による意思決定過程であり，それは短期および長期の決定モデルである。これらの決定モデルは，多様な情報要求をもつが，決定モデルへの情報のインプットは，A_9，A_{15}，A_{16}およびA_{17}の4つのソースがある。このうち，A_{17}のその他選択情報は外部ソースからの情報のインプットである。また，A_{18}の決定モデルは，環境変化に応じて修正できるように，応答機構が形成されている。

以上の伝統的会計モデルに対して，ゴットフレイ＝プリンスは，さらに新しい会計情報システムを提示している。これまでの伝統的会計モデルでは，財務会計システムが会計システムの中心となっており，管理会計システムはオフラインとして，会計システムに付加されているにすぎない。これに対して，新し

いモデルでは，財務会計システムと管理会計システムとが，ともにオンライン・システムとなっていることである。

　こうした会計情報システムは，モデルを形成するための理論的枠組みを示したもので，実際の会計システムの設計のためには，種々の困難な問題があると思われる。その詳細については省略するが，経営活動に関する会計情報が，現実にどのように会計システムから入手されるかについて理解できれば十分である。その意味で，ゴットフレイ＝プリンスが述べている伝統的会計システムのモデルは，会計実務の実情をよく反映している，ということができるであろう。

第2節　財務会計と管理会計

1　財務会計

　会計情報システムは，すでに述べたように，財務会計システムと管理会計システムとを，ともに内在している会計システムである。そこで，次に財務会計と管理会計の性格を明らかにしよう。

　会計は，伝統的には**財務諸表**（financial statements）を中心として行われている。すなわち，測定された結果は損益計算書・貸借対照表・キャッシュ・フロー計算書などの財務諸表にまとめられ，この財務諸表をもって利害関係者に伝達される。

　このように財務諸表の形で企業の経済性を報告する会計，いいかえると，財務諸表の形に企業全体の経営活動を総括し，その結果と原因とを利害関係者に伝達する会計を，**財務会計**（financial accounting）という。また，財務諸表を作成するためには，決算といわれる手続きがとられるから，財務会計はまた決算会計ともいわれる。

　財務会計は，正規の手続きを経て作成された情報を提供する手段として，極めて重要である。企業に直接に関与しない多くの利害関係者は，この財務諸表を通じて企業の状況を知ることが可能となり，これに基づいて彼らの意思を決定する。

安全な取引関係の維持と債権者保護の立場をとる商法は，早くから財務諸表の作成と公表を定めている。したがって現代社会においては，財務会計は法律上の制度ともなっており，法的に規制されている。このように，測定および伝達の職能を遂行する会計は，財務会計の形で公式に制度化されているから，財務会計はまた制度会計ともいわれる。

2　管理会計

測定および伝達の会計職能は，たんに財務諸表に関してだけ行われるわけではない。むしろ，こうした会計職能の**経営管理**の分野への展開が見られる。すなわち，経営管理のための手段として会計職能を達成しようとするものであり，これこそ，会計の最も原初的な要求であったとさえいわれる。このように，経営管理のために会計を利用する方法が，**管理会計**（management accounting）である。

もちろん，企業の経営成績を表わす財務諸表も，経営者にとっては有用な管理のための手段である。しかし，企業の規模が大きくなり複雑な経済活動が営まれる場合には，財務諸表以外にも種々の情報を必要とする。ここに，経営者に経営管理に役だつ情報を提供するという会計職能が成立する。経営者はこうした情報を会計から受けとり，これに基づいて現状を判断し，経営計画のための基礎資料として利用し，標準および予算と対比させて経営活動を管理する。

管理会計においては，測定された会計情報が種々の目的のために，定期的・随時的に編集される。すなわち，企業全体についての経済性を計算するだけでなく，たとえば，部門別・地域別などの部分的な経済性計算も多く行われ，また経済性以外の計算，たとえば流動性計算なども行われる。このように，経営管理上，必要とされる種々の計算が行われる。その計算の時期も，定期的（たとえば月・週ごと）であるばかりでなく，必要に応じて随時的にも行われる。

管理会計は企業内部における計算であるから，決算のような正規の計算手続を経ることなく，測定された会計情報そのものについて直接に行われる。測定された結果を経営者に伝達するためには，各種の報告書が作られる。とくに，

管理会計においては，一般には，**管理報告書**（management reports）の形での文書的報告が多く用いられる。

こうした報告は，最高経営者に対してだけでなく，下部の管理者に対しても行われる。報告書の内容も，経営全般にわたる全般的なものから，特殊な一事項の明細書にいたるまで種々のものがあり，いずれも経営者の要求にかなうような形態で作成される。

3 財務会計と管理会計の相違点

会計情報は，財務会計情報と管理会計情報とから成っているが，管理会計の本質を明らかにするためには，これらの相違点・関係性をみると明確になる。

アンソニーとウェルシュ（R. N. Anthony and G. A. Welsch）は，財務会計との対比において管理会計が次のような相違点があると述べている（R. N. Anthony and G. A. Welsch, Fundamentals of Management Accounting, *Irwin-Dorsey*, 1977）。

(1) **単一構造の欠如** … 財務会計の基本的な方程式は資産＝負債＋株主持分であるが，管理会計ではそのようなものはない。

(2) **会計原則に制限されない** … 財務会計情報は一般に認められた会計原則に従って作成・報告されなければならないが，管理会計では一般に認められた会計原則に適合するかどうかよりも，その会計情報が経営管理者にとって有益であるかどうかが問題となる。

(3) **任意性** … 財務会計は一会計期間の経営活動の結果を外部利害関係者に一定の形式で報告しなければならないが，管理会計はまったく任意であり，その焦点は経営目的のための会計情報を経営管理者に提供することにある。

(4) **非貨幣情報** … 財務会計の最終結果である財務諸表は根本的に貨幣情報であるが，管理会計は貨幣情報と同様に非貨幣情報（たとえば，材料の数量，従業員の人数，製品単位数など）をも含んでいる。

(5) **将来情報** … 財務会計は経営組織の財務上の歴史的事実を報告する。財務会計情報は将来の計画のための基礎として用いられるが，その情報は歴史的であり，将来を予測するものではない。管理会計では，過去に関する情報と同

様に将来に関する見積や計画に対しての会計情報を提供する。

(6) **部分に注目** … 財務会計は経営全体の組織活動にその焦点をおくが，管理会計では経営全体に焦点をおくと同様に，経営組織の部分（たとえば，セグメント別，部門別，責任センター別，生産活動別など）により焦点がおかれている。

(7) **頻繁性** … 財務会計で作成される財務諸表は一会計期間（半年もしくは一年）に対して作成・報告されるが，管理会計報告書は短期間（月，週，日，時間ごと）を対象に作成・報告される。

(8) **近似性** … 財務会計は会計原則の制限により一般妥当性を有するが，管理会計では経営管理者がタイムリーな情報を必要とするため，しばしば正確性を犠牲にし，概算（近似値）によって情報を提供することになる。

(9) **手段的** … 財務会計の目的は外部利害関係者に対して財務諸表を作成・提供することである。これに対し管理会計は経営管理者が必要とする会計情報を提供するが，それは経営管理目的のための会計情報であり，管理会計情報はこの目的のための手段である。

このように管理会計と財務会計は相違点があるが，両方とも同じ会計職能（測定・伝達）を有するという共通点もある。

第3節　意思決定会計

1　意思決定会計の意味

管理会計は，すでに述べたように，企業の経営管理のための手段としての会計システムである。こうした管理会計を，経営者の経営管理機能に基づいて体系づけると，**意思決定会計**と**業績管理会計**とに区分することができる。そこで，まず意思決定会計の特徴を明らかにすることにしよう。

意思決定会計は，企業の目標に照らして，長期的観点から，経営の基礎構造を合理的に構成する経営者の創造的・革新的な意思決定のために役立つ会計である。これは，経営者の職能のうちの**組成職能**といわれる。管理会計のこの領域を，**意思決定会計**（decision making accounting）という。

経営の基礎構造とは，日々の経営活動が営まれる基盤であり，経営そのものの存立を規定する基本的条件を意味する。具体的には，次の事項についての経営者の意思決定が行われなければならない。
 (1) 経営給付の内容（事業目的の決定，さらに製品開発，製品政策など）
 (2) 経営立地（経営の場所的条件の決定）
 (3) 物的設備（経営の設備構造の決定）
 (4) 経営組織（経営の人的構造の決定）
 (5) 財務構造（経営の財務構造の決定）

こうした経営者の意思決定は，いくつかの手順ないし段階を経て行われる。アンソニーによれば，(1)問題の意味を明らかにする，(2)妥当な代替的解決策を明らかにする，(3)数量的に表わされる代替的解決策の結果を測定し比較考量する，(4)数量的に表わされない要素の結果について判断し，これを数量的に測定された結果と比較する，(5)決定する，という手順を指摘している（R. N. Anthony, Management Accounting, 1955）。

こうした評価は，伝統的な企業理論に基づく極大化原理ないし最適化原理に従って行われるのではなく，満足基準 (satisfying principle) に照らして行われる。すなわち，人間の行動は，欲求が満足されたときに終了する。そのさいの意思決定の基準は，採択された結果が十分に満足できるかどうかである。そして，この満足の水準は，時とともに変化する**希求水準** (aspiration level) によって規定されると考える。

2 意思決定会計の特徴

ここでいう意思決定会計は，いわゆる**個別計画**（プロジェクト・プランニング）と同じものではない。プロジェクト・プランニングとは，「経営者が，特定の問題に直面し，将来の活動のコースについて意思決定を行うために，各代替的解決案を評価する過程」と定義される（アメリカ会計学会「経営者のための報告の基礎をなす原価諸概念に関する中間報告」1955年度原価諸概念及び諸基準委員会報告書）。

すなわち，プロジェクト・プランニングは，企業の一部分に関する特別の決定であるから，長期的効果をもつ個別問題の決定のほかに，短期的な個別問題の決定を含んでいる。こうした短期的な個別問題は，経営構造の基本的事項ではなく，むしろ業績管理のための短期的計画の設定の問題であり，それは予算編成のなかに織り込まれるものである。
　したがって，長期的視野からの経営構造の基本的問題に関する創造的・革新的な意思決定のための意思決定会計とは混同してはならない。
　このように意思決定会計は，経営者が行う経営意思決定のすべての過程を通じて，経営者に会計情報を提供することを目的とする会計情報システムである。

第4節　業績管理会計

1　業績管理会計の意味

　業績管理会計は，経営者・管理者の業績管理職能にかかわる会計である。管理会計のこの領域は，**業績管理会計**（performance management accounting）といわれる。
　企業の業績管理は，一定の経営構造のもとに，日々展開され常時反復的に営まれる経営過程に関する経営者の経常的な業務遂行の職能である。こうした経営者の業績管理職能は，さらに計画職能と統制職能とに分けられる。もちろん計画と統制とは，相互に他を前提する関係にあり，統制は計画へとフィードバックし，いわゆる**経営管理の循環**（management cycle）を形成する。

2　計画職能

　ここに**計画**（planning）とは，将来の一定期間における経常的な経営過程のコースを，合理的に決定編成することである。この意味で計画は期間計画であり，将来の一定期間における購入・製造・販売・在庫・資金などの各部分活動を相互に調和させ，有機的に体系づけることによって，全体の総合計画が編成される。

経営過程の全体にわたる総合計画は，経営者の業務執行の全般的な**期間目標**を明らかにする。これを構成する部分活動の計画は，経営のそれぞれの部分活動の目標を明らかにする。このように計画職能は，経営過程に関する統一的な業務目標についての計画の体系を編成することに特色がある。

こうした経営における計画設定の意義として，次の3つを挙げることができる。
(1) 経営活動の目標を明確にし，人々の目標達成への意欲づけをすること。
(2) 経営の部分的諸活動を調整すること。
(3) 経営活動の業績統制の基準となること。

3 統制職能

ここに**統制**（control）は，また管理（狭義）ともいわれる。たとえば，原価管理，予算管理，在庫管理，品質管理などといわれる。

統制とは，経営過程における実施活動を，計画通りに実現させるための経営者の活動を意味する。すなわち，計画→実施→統制，さらに統制から次の計画へのフィードバックという，いわゆる経営管理の循環を形成する。経営における実施活動の具体的計画は，これを遂行する人々の**人的責任区分**，たとえば課とか係とか班とか，あるいは個人など組織上の責任区分に組み込まれて設定される。したがって，業務実施の人的責任は，統制の中心的な概念となっている。

計画が，これを担当し遂行する組織上の責任区分に組み込まれて表示される場合，それは**標準**（standard）といわれる。たとえば，原価管理における原価標準，販売管理における販売割当などである。この標準を中心として，統制が一定の秩序のもとに経常的に統制制度として行われる。たとえば，原価管理制度，予算統制制度，工程管理制度などである。

こうした近代的統制制度は，原則として，次の段階を踏んで行われる。
(1) 標準の設定
(2) 実施部門に対する標準の指示，伝達
(3) 実施結果の測定記録

(4) 標準と実績との比較（両者の差異の認識）
(5) この差異の原因の分析
(6) 分析結果の報告
(7) 是正措置

　標準の設定に当たって，従業員または実施担当者に参加させること（参加の原則）は，彼らが積極的に努力する意欲を振り起こさせ，自発的な協働組織の形成のための重要な要素である。また，標準の伝達の過程は，実施担当者が一定の業績の実現を期待されていること，また彼の業績がこの標準に照らして批判され評価されること，を明らかにする。このため，この過程は**意欲づけ**（モチベーション）のための重要な過程である。

　統制制度における標準の設定と，その伝達との2つの段階は，実施部門の人々の意欲づけの観点から極めて重要な段階であり，それは実施に先立つ事前的段階である。したがって近代的統制制度は，単に事後的統制だけでなく，**事前的統制**を含むことに注意しなければならない。近代的な統制は，既成事実に対する事後検証ではなく，前向きの姿勢に立つ経営職能である。

　このように業績管理会計は，経営管理者が行う計画職能と統制職能との遂行のために，会計情報を提供することを目的とする会計情報システムである。

［問　題］
(1) 会計情報システムについて説明しなさい。
(2) 財務会計と管理会計について説明しなさい。
(3) 意思決定会計の特徴を明らかにしなさい。
(4) 意思決定会計とプロジェクト・プランニングとの関係について述べなさい。
(5) 業績管理会計の特徴を明らかにしなさい。
(6) 計画職能と統制職能とについて説明しなさい。

第2章　原価計算基準と原価計算の概念

第1節　原価計算基準

1　原価計算の目的

原価計算の目的について,『原価計算基準』によれば,次の5つに要約している。
(1) 財務諸表作成に必要な原価資料を提供すること
(2) 価格計算に必要な原価資料を提供すること
(3) 原価管理に必要な原価資料を提供すること
(4) 予算の編成ならびに予算統制に必要な原価資料を提供すること
(5) 経営の基本計画設定に必要な原価資料を提供すること

このように原価計算は,その目的として,大別して,(1)の企業が外部に報告する**財務諸表の作成に役立つ**という機能と,(2)～(5)の企業の内部において経営管理者が行う**経営管理活動に役立つ**という機能をもっている。前者は,財務会計としての機能であり,後者は,管理会計としての機能である。以下,これらの目的について述べる。

2　財務諸表作成のための原価計算

企業は,出資者,債権者,経営者などのために,過去の一定期間における経営成績,および期末における財政状態を,財務諸表に表示するために必要な真実の原価を集計しなければならない。こうした財務諸表作成のための原価計算の目的は,次の2つである。
(1) 財政状態の表示のため … **貸借対照表**に記載される製品・半製品・仕掛品・副産物などの**期末棚卸資産価額**を決定するための原価資料を提供すること

である。

(2) **経営成績の表示のため** … **損益計算書**に記載される**売上原価**を決定するための原価資料を提供することである。

こうした原価の数値は，財務会計の減資記録，信頼できる統計資料などによって，その信憑性が確保されるものでなければならない。このため原価計算は，原則として実際原価を計算する。この場合，実際原価は必ずしも取得原価を意味しないで，予定価格・標準原価をもって計算し，これを財務諸表に提供することもできる。

原価計算は，財務会計の機構と有機的に結合して行われる。このため，勘定組織には原価に関する細分記録を統括する諸勘定を設ける。また，原価を予定価格または標準原価で計算する場合には，これと原価の実際発生額との差異は，財務会計上，適正に処理しなければならない。

3 価格計算のための原価計算

一般の市場が自由競争の場合には，市場価格が存在するので価格計算は不要である。しかし企業は，与えられた市場価格のもとで，種々の原価資料と市場価格とを比較して，自らの**価格政策**に基づいて適正な価格決定が行われる。この場合の価格決定は，企業の利益計画の一環として行われるもので，販売市場における価格・販売量・原価・利益の関係を勘案して行われる。したがって，これは経営計画の問題である。

ここにいう価格計算とは，経営計画における価格計算ではなく，たとえば政府の調達価格や公企業に納入する製品価格を決定することである。この場合には，原価計算方式が確定されており，**原価加算契約**（cost plus fee contract）に基づき，製品の製造原価と管理販売費を含めて原価が算定され，これに適切な利益を加算して価格が決定される。したがって，原価資料が価格算定のための不可欠な要素となる。

また，公益事業の料金設定または改定にも，原価資料が必要とされる。さらに，個別受注生産企業での入札価格の計算，カルテル等の独占企業での価格計

算，コンツェルン等の企業間の振替価格の計算，新製品の価格計算など，価格計算が幅広く考えられる。こうした価格計算に必要な原価資料を提供することが，原価計算の目的の一つである。

4 原価管理のための原価計算

原価計算の目的として，『原価計算基準』によれば，経営管理者の各階層に対して原価管理に必要な原価資料を提供することを挙げている。

ここに原価管理とは，原価の**標準**を設定してこれを指示し，原価の**実際**の発生額を計算記録し，これを標準と比較して，その差異の原因を分析し，これに関する資料を経営管理者に報告し，原価能率を増進する措置を講ずることをいう。

このように原価管理は，標準の設定→標準と実際との比較→差異分析→フィードバックというプロセスであり，これらのすべてのプロセスに原価計算が関与している。したがって，原価計算によって原価管理に必要な原価情報が提供される。このため，原価計算は管理会計における中心的な計算技法であるといわれる。

5 予算管理のための原価計算

原価計算の目的として，『原価計算基準』によれば，予算の編成ならびに予算統制のために必要な原価資料を提供することを挙げている。

ここに予算とは，予算期間における企業の各業務分野の具体的な計画を貨幣的に表示し，これを総合編成したものをいい，予算期間における企業の**利益目標**を指示し，各業務分野の諸活動を調整し，企業全般にわたる総合的管理の用具となるものである。

予算は，業務執行に関する総合的な**期間計画**であるが，予算編成の過程は，たとえば製品組合わせの決定，部品を自製するか外注するかの決定など，個々の選択的事項に関する意思決定を含んでいる。

原価計算が，予算とくに費用予算の編成ならびに予算管理に役立つためには，

予算期間において期待される条件に基づく予定原価または標準原価を計算し，予算とくに費用予算の編成のための資料を提供しなければならない。また，予算と対照比較できるように，原価の実績を計算することによって，予算管理のための資料を提供しなければならない。

6　基本計画の設定のための原価計算

　原価計算の目的として，『原価計算基準』によれば，経営の基本計画を設定するに当たり，これに必要な原価情報を提供することを挙げている。

　ここに基本計画とは，経済の動態的変化に適応して，経営の給付目的たる製品，経営立地，生産設備など，経営構造に関する基本的事項について，経営意思を決定し，経営構造を合理的に組成することをいい，随時的に行われる決定である。

　このように，随時的に行われる決定という表現は，一般に**個別計画**（project planning）といわれることが多く，これは**期間計画**（period planning）に対立する概念であるとされている。しかし個別計画は，さらに個別的業務計画と個別的構造計画とに分けられる。

　個別的業務計画は，期間的総合計画の前段階に位置しているので，結局は，予算管理のなかで，期間計画の一環として吸収される性格のものである。これに対して，個別的構造計画は，たとえば設備投資の計画のように，その決定・選択が長期にわたり，企業の構造的な枠組みに影響を及ぼす。したがって，これは経営の基本計画の設定の問題であり，いわゆる**意思決定会計**の領域の問題であるということになる。

　原価計算は，こうした経営の基本計画の設定のために役立つ原価情報を提供する。しかも，こうした原価情報は，特殊原価調査によって提供される。

第2節　原価の一般概念

1　原価の本質

　原価計算において計算される原価は，その計算目的によって異なるが，原価の本質について『原価計算基準』によれば，原価計算制度において，原価とは，経営における一定の給付に関連して測定された給付（財貨または用役）の消費を，貨幣価値的に表わしたものであると述べて，さらに次の4つの要件を挙げている。

　(1)　原価は，**経済価値**の消費である。企業の経営活動は，給付を生産し販売することを目的として，給付を生産するために必要な給付，すなわち経済価値を消費する過程である。

　(2)　原価は，経営において作り出された給付に転嫁される価値であり，その**給付**に関連して測定されたものである。

　(3)　原価は，**経営目的**に関連したものである。経営の目的は，給付を生産し販売することであり，経営過程は，このための価値の消費と生成の過程である。

　(4)　原価は，**正常的**なものである。原価は，正常な状態のもとでの経営活動を前提として測定された価値の消費であり，異常な状態を原因とする価値の減少を含まない。

2　原価と費用との関係

　原価計算は，財務会計と有機的に結合して行われる。このため，原価計算上の原価と，財務会計上の費用との関係が問題になる。

　財務会計においては，一会計期間に実現した収益から，これに対応する費用を控除して利益を計算する。したがって費用は，原価と同じく経済価値の消費である。しかし，**原価が給付に関連して測定される概念であるのに対して，費用は一定期間における収益に関連して測定される概念である**。すなわち原価と費用とは，計算対象の範囲と評価が必ずしも一致するとは限らない。

(1) 原価も費用も，ともに消費された経済価値を対象とするが，次のような部分が存在する。
　① 損益計算上の費用ではあるが，原価計算上の原価を構成しない部分
　② 原価計算上の原価ではあるが，損益計算上の費用とはならない部分
(2) 原価計算と損益計算とが，全く同一の計算対象を範囲としながらも，その評価を異にすることがある。この場合には，次のような部分が生ずる。
　① 費用とならない原価部分
　② 原価とならない費用部分

すなわち，原価であると同時に費用でもあるもの（基本原価・目的費用），費用であるが原価ではないもの（中性費用），原価であるが費用ではないもの（付加原価）がある。

これらの関係を図示すると，次のようになる。

原価と費用との関係

損益計算上 ……	中性費用	目的費用	
	基本原価	付加原価	…… 原価計算上

シュマーレンバッハは，損益計算上の費用であって，原価計算上の原価とならないものを「中性費用」といい，これには，財務費用である支払利息・割引料，社債発行割引料償却，社債発行費償却，設立費償却，開業費償却，株式発行費償却，有価証券売却損，有価証券評価損や，投資資産や未稼働の固定資産などに関する租税，などが含まれる。

また，原価計算上の原価であって，損益計算上の費用とならないものを「付加原価」といい，これには，経営目的のための経済価値の消費であっても，たとえば仕損，減損，棚卸減耗などの発生額のうち，正常額を超過する部分で原価性が賦与されないものや，さらに火災，風水害，震災などによる損失，偶発債務による損失，異常な貸倒損失など，異常な状態に起因する経済価値の消費で原価性が賦与されないものが含まれる。

レーマンは，費用であって同時に原価となるものを「目的費用」，原価であっ

て同時に費用となるものを「基礎原価」と名づけている。

要するに，原価と費用とは，その主要部分である目的費用と基礎原価の部分では一致するが，費用のなかには原価とならない中性費用があり，また原価のなかには費用とならない付加原価があるために，この部分においては一致しない。

このように見てくると，企業活動に伴って経済価値の消費が行われるが，その消費によって「費用」が生ずる。この費用のうち，経営活動（給付の生産と販売）に関して消費された経済価値が「原価」となり，経営活動に関係のない経済価値の消費が「中性費用」となる。

3 非原価項目

原価計算制度において原価に算入されない項目を，非原価項目という。また原価外項目ともいう。『原価計算基準』によれば，非原価項目として次のような項目を挙げている。

(1) 経営目的に関連しない価値の減少
(2) 異常な状態を原因とする価値の減少
(3) 税法上とくに認められている損金算入項目
(4) その他の利益剰余金に課する項目

第3節 原価の諸概念

1 実際原価と標準原価

原価計算制度においては，原価の本質的規定に従い，さらに各種の目的に規定されて，具体的には諸種の原価概念が生ずる。まず原価は，その消費量および価格の算定基準に基づき，実際原価と標準原価とに区別される。

(1) 実際原価

これは，給付の**実際消費量**をもって計算した原価である。ただし，その実際消費量は，経営の正常な状態を前提とするもので，したがって異常な状態を原

因とする異常な消費量は，実際消費量とは理解しない。

実際原価は，厳密には実際の取得価格で計算した原価の実際発生額であるが，原価を予定価格などで計算しても，消費量を実際によって計算する限り，それは実際原価の計算である。ここに予定価格とは，将来の一定期間における実際の取得価格を予想することによって定めた価格である。

(2) **標準原価**

これは，給付の消費量を科学的，統計的調査に基づいて能率の尺度となるように予定し，かつ**予定価格**または**正常価格**で計算した原価である。この場合，能率の尺度としての標準とは，その標準が適用される期間において，達成されるべき原価の目標を意味する。

標準原価計算制度において用いられる標準原価は，現実的標準原価または正常原価である。現実的標準原価は，原価管理に最も適するだけでなく，棚卸資産価額の算定および予算の編成のためにも用いられる。正常原価は，経済状態の安定している場合に，棚卸資産価額の算定のために最も適するだけでなく，原価管理のための標準としても用いられる。

2　製品原価と期間原価

原価は，財務諸表上収益との対応関係に基づいて，製品原価と期間原価とに区別される。両者の範囲の区別は相対的であるが，通常，売上品および棚卸資産の価額を構成する全部の製造原価を製品原価とし，販売費及び一般管理費を期間原価とする。

(1) **製品原価**

これは，一定単位の製品に直課または配賦されて集計される原価であり，また**プロダクト・コスト**（product costs）ともいう。すなわち原則として，製造に関連して発生した原価のうち，異常な状態に基づく原価を除いた原価である。製品原価は，その製品が販売された期間に売上原価（＝広い意味でのピリオド・コスト）として収益に対応される。

(2) 期間原価

これは、一定期間の原価の発生額のうち製品に集計されないで、その期間の収益に対応される原価であり、また**ピリオド・コスト**（period costs）ともいう。販売費及び一般管理費が最も代表的な期間原価であるが、営業外費用もこれに含まれる。

3 全部原価と部分原価

原価は、集計される原価の範囲によって、全部原価と部分原価とに区別される。

(1) 全部原価

これは、一定の活動に関連して生ずる全部の原価を集計したものである。すなわち、製造活動にかかわる全原価を集計したものが**製造全部原価**であり、販売活動にかかわる全原価を集計したものが販売全部原価である。また、製造にかかわる全原価を製品に集計する原価計算を「全部原価計算」ということもある。

『原価計算基準』においては、全部の製造原価に、販売費及び一般管理費を加えて集計した原価を、全部原価としている。

(2) 部分原価

これは、一定の職能に関連して生ずる原価の一部を集計したものである。たとえば「直接原価計算」は、製造活動にかかわる全原価を集計していないが、製造の部分原価を集計していることになる。すなわち直接原価計算では一般に**変動的**な製造原価（製造直接費と変動製造間接費）のみをもって製品原価を算定し、**固定的**な製造原価は全額を期間原価とする。このため、また「部分原価計算」ともいわれる。

全部原価と部分原価の構成を図示すれば、次のとおりである。

全部原価と部分原価の構成

販売価格	利益			
	総原価	販売費及び一般管理費		
		製造原価	製造間接費	間接材料費
				間接労務費
				間接経費
			製造直接費	直接材料費
				直接労務費
				直接経費

4 総原価と素価

原価は，集計される原価の範囲によって，さらに総原価や素価などの原価概念を挙げることがある。

(1) 総原価

これは，製造原価と販売費及び一般管理費とを加えた額をいう。すなわち，直接材料費・直接労務費・直接経費の合計額が製造直接費であり，これに製造間接費を加えたものが製造原価である。この製造原価に，さらに販売費及び一般管理費とを加えた額を**総原価**（total costs）という。

総原価は，全部原価に類似する原価概念であるが，全部原価を，とくに製品に集計する製造原価項目の範囲に関連する原価として，総原価の概念と区別する場合がある。また，単位当たりの総原価に利益を加えたものが単位当たりの売価になる。しかし，このように製品単位別に総原価を算定することは，価格決定のため以外にはない。

(2) 素 価

これは，原価計算の初期の発展段階における原価概念であり，**第一原価**（first costs），**直接費**（direct costs）ともいわれ，一定の製品単位に直接的に賦課される直接材料費と直接労務費の合計額をいう。

原価計算の初期の発展段階では，直接経費が認識されず，原価概念が「素価」として狭くとらえられていた。また，製造間接費の製造原価に占める割合も小さかった。その後，重工業の発生，大量生産方式の発展，巨大設備の導入などにより，製造間接費についての関心が高まり，また原価測定技術の向上とあいまって，素価，直接経費ならびに製造間接費が製造原価として測定されるようになった。

　このように，製造間接費が製造原価に含められるようになり，製造原価概念が拡大されるにいたった。なお，直接原価計算における「直接原価」は，素価の意味での直接費とは異なる概念である。

第4節　原価要素の分類

1　形態別分類

　原価要素は，製造原価要素と，販売費及び一般管理費の要素とに分類する。製造原価要素は，さらに形態別分類，機能別分類，製品関連別分類，操業度関連分類，管理可能性分類などの基準に基づいて分類される。

　まず，原価要素の形態別分類とは，財務会計における費用の発生を基礎とする分類，すなわち原価発生の形態による分類であり，原価要素は，この分類基準によって材料費，労務費および経費に属する各費目に分類し，これを一般に三原価要素と呼んでいる。

(1)　**材料費** … 物品の消費によって生ずる原価をいう。
(2)　**労務費** … 労働用役の消費によって生ずる原価をいう。
(3)　**経　費** … 材料費・労務費以外の原価要素をいう。

　原価要素の形態別分類は，財務会計における費用の発生を基礎とする分類であるから，原価計算は，財務会計から形態別分類による原価に関する基礎資料を受取り，これに基づいて原価を計算する。したがって，この分類は原価に関する基礎的分類であり，原価計算と財務会計との接合という観点から重要な分類である。

2 機能別分類

原価要素の機能別分類とは，原価が経営上どのような機能のために発生したかによる分類であり，原価要素は，この分類基準によって**機能別**に分類される。

この分類基準によれば，たとえば材料費は，主要材料費，および修繕材料費・試験研究材料費などの補助材料費，ならびに工場消耗品費などに，賃金は，作業種類別直接賃金，間接作業賃金，手待賃金などに，経費は，各部門の機能別経費に，分類される。

原価の機能別分類は，**形態別分類**に基づいて，さらに材料費，労務費，経費が経営の各機能単位でどのように使用されるか，という観点からの分類である。たとえば，同じく材料といっても，鋳造部や鍛造部で使用される鉄鉱などの金属は主要材料費であるが，その他の部門で補助的に使用される素材の原価は補助材料費として分類される。

原価の形態別分類は，財務会計と原価計算とを接合することが目的であるから，支払の目的に重点がおかれている。これに対して原価の機能別分類は，価値消費の目的に重点がおかれている。

3 製品との関連における分類

原価要素の製品との関連における分類とは，製品に対する原価発生の関連，すなわち原価の発生が製品の生成に関して，直接的に認識されるかどうかの性質上の区別による分類である。原価要素は，この分類基準により直接費と間接費とに分類する。

(1) **直接費** … これは，直接材料費，直接労務費，直接経費に分類され，さらに適当に細分される。
(2) **間接費** … これは，間接材料費，間接労務費，間接経費に分類され，さらに適当に細分される。

必要ある場合には，直接労務費と製造間接費とを合わせて，または直接材料費以外の原価要素を総括して加工費として分類することができる。

4 操業度との関連における分類

　原価要素の操業度（生産能力の利用程度）との関連における分類とは，操業度の増減に対する原価発生の関連による分類である。原価要素は，この分類基準により固定費と変動費とに分類される。

(1) **固定費** … これは，操業度の増減にかかわらず変化しない原価要素をいう。ここで操業度とは，生産設備を一定とした場合におけるその利用度をいう。

(2) **変動費** … これは，操業度の増減に応じて比例的に増減する原価要素をいう。

(3) **準固定費**（準変動費）… これは，ある範囲内の操業度の変化では固定的であり，これを超えると急増し，再び固定化する原価要素，たとえば監督者給料などや，また操業度が零の場合にも一定額が発生し，同時に操業度の増加に応じて比例的に増加する原価要素，たとえば電力料などは，準固定費または準変動費である。

　準固定費または準変動費は，固定費または変動費とみなして，そのいずれかに帰属させるか，または固定費と変動費とが合成されたものと解して，固定費の部分と変動費の部分とに分解する。

5 管理の可能性による分類

　原価の管理可能性に基づく分類とは，原価の発生が一定の管理者層によって管理できるかどうかによる分類である。原価要素は，この分類基準により管理可能費と管理不能費とに分類される。下位の管理者にとって**管理不能費**であっても，上位の管理者にとっては**管理可能費**となることがある。また短期的には管理不能であっても，長期的には管理可能になることも多い。この分類は，原価管理のために重要である。

　ところで個々の原価費目が，管理可能かどうかは相対的なものであり，固定的に定められるものではない。管理可能性は，与えられた権限の幅や観察期間の長短によって変化する。たとえば，短期的には管理不能費と見られる賃借料

も，長期的には契約更新の立場から見れば管理可能費となる。また直接材料費でも，製造部長が管理できるのは，その消費数量であって，価格のすべてについては管理責任をもつことはできない。

[問 題]
(1) 財務会計に対する原価計算役立ちについて説明しなさい。
(2) 管理会計に対する原価計算役立ちについて説明しなさい。
(3) 原価の本質について述べ，原価の形態別分類について説明しなさい。
(4) 直接費と間接費との原価の分類について述べなさい。
(5) 固定費と変動費との原価の分類について説明しなさい。
(6) 管理可能費と管理不能費との原価の分類について明らかにしなさい。

第3章　原価計算制度と原価計算方法

第1節　原価計算制度

1　原価計算の概念

　原価（cost）とは，経営活動における給付生産のための**価値犠牲**であると解され，ある特定の製品またはサービスのために費消された価値を**経済的価値**で評価したものである。したがって，一般にいわれる費用（expense）とは概念上，異なるものである。すなわち，費用は損益計算上の**期間収益**と対比され，把握されたものであるのに対し，原価は原価計算上の**一定給付**と対応され，把握されたものである。

　このような原価を分類測定し，集計し，分析し，報告するシステムが原価計算である。その計算方法の前提には次の3つがある。

　　　　給付単位計算 … 一定給付（もしくは1単位）での評価
　　　　期　間　計　算 … 原価計算期間（1か月）での評価
　　　　比　例　計　算 … 間接費の配賦は比例計算での評価

　まず**給付単位計算**であるが，原価計算は，一定給付（もしくは1単位）の経済的価値の消費を評価したものである。この意味から，一定期間の利益測定の手段たる期間損益計算とは異なっている。しかしながら，現代の会計制度としての原価計算は，期間損益計算と有機的に結びついて成立している。たとえば，機械設備等の減価償却分の計上などは，期間損益計算のデータをもとに給付単位ごとに配賦計算が行われる。同様に，期間損益計算における売上高に対応する売上原価は，原価計算から提供された原価数値をもって計算がなされるのである。

次に**期間計算**であるが，原価計算は，財務会計上の期間計算と切り離して考えることはできない。すなわち，半年もしくは1年という会計期間をもうけて期間損益を明らかにするために，その計算期間の制約をうけることになる。また通常，制度会計上の期間の他に1か月の計算期間（月次損益計算）がおかれており，原価計算も1か月を単位として原価計算期間と定めている。もっとも原価計算期間が給付原価を確定するということは，いわば会計制度としての原価計算を意味するが，しかし，受注生産における原価計算期間は，その受注から完成品引渡しまでの期間が基本的な原価計算期間となる。

次に**比例計算**であるが，原価計算は，投入レベルで明らかになっている原価を産出レベルでの原価に算定することである。すなわち，投入物量と投入原価は明らかであり，それを産出物量と産出原価とに割りつけ計算を行う。また原価計算は給付単位，すなわち製品単位当たりの計算であるが，その製品製造に直接結びつかない原価がある。たとえば，複数製品の生産の場合生じる補助材料や工場消耗費などのような間接費があり，この**間接費**を産出レベルの製品に合理的に配賦しなければならない。このような**間接費の配賦**を原価計算では，その間接費が何に比例して生じるかを調査し，それを基準として原価を負担させるという，いわば比例計算の原理にしたがって原価配賦を行うのである。

2　原価計算制度

制度としての原価計算を「原価計算制度」という。『原価計算基準』によれば，原価計算制度は，財務諸表の作成，原価管理，予算管理などの異なる目的が，重点の相違はあるが，ともに達成される一定の**計算秩序**である。

こうした原価計算制度は，財務会計機構から離れて随時断片的に行われる原価の統計的，技術的計算ないし調査ではなく，財務会計の機構と有機的に結びつき，**常時継続的**に行われる計算体系である。原価計算制度は，この意味で原価会計といわれる。

原価計算制度において計算される原価の種類，およびこれと財務会計の機構との結合は単一ではないが，大別すると，(1) **実際原価計算制度**と，(2) **標準原**

価計算制度とに分類することができる。

また，財務会計と有機的に結びつき，かつ原価管理，利益管理に役立つ原価計算制度として，**直接原価計算制度**を加えることができるが，『原価計算基準』では認められていない。さらに，原価計算制度以外に，経営の基本計画および予算編成における選択的事項の決定に必要な特殊原価調査も広義の原価計算に含まれるが，これも『原価計算基準』には含まれない。

(1) **実際原価計算制度**

実際原価計算制度について，『原価計算基準』は次のように述べている。

実際原価計算制度は，製品の実際原価を計算し，これを財務会計の主要帳簿に組み入れ，製品原価の計算と財務会計とが，実際原価をもって有機的に結合する原価計算制度である。原価管理上必要ある場合には，実際原価計算制度においても，必要な原価の標準を勘定組織の枠外において設定し，これと実際との差異を分析し報告することがある。

(2) **標準原価計算制度**

標準原価計算制度について，『原価計算基準』は次のように述べている。

標準原価計算制度は，製品の標準原価を計算し，これを財務会計の主要帳簿に組み入れ，製品原価の計算と財務会計とが，標準原価をもって有機的に結合する原価計算制度である。標準原価計算制度は，必要な計算段階において実際原価を計算し，これと標準との差異を分析し報告する計算体系である。

3 直接原価計算

直接原価計算は，まず原価を変動費と固定費とに分解し，製品原価には変動的な製造原価（直接原価）のみを集計し，売上高から，この**変動費**（直接原価）を差引いて**限界利益**（marginal income）または直接利益（direct income）を算定し，これから**固定費**（期間原価）を差引いて純利益を算定するという原価計算の方法である。

4 特殊原価調査

　制度としての原価計算の範囲外に属するが，広い意味での原価の計算に含まれるものとして「特殊原価調査」がある。『原価計算基準』は次のように述べている。

　広い意味での原価の計算には，原価計算制度以外に，経営の基本計画および予算編成における選択的事項の決定に必要な特殊の原価　たとえば差額原価，機会原価，付加原価などを，臨時に統計的，技術的に調査測定することも含まれる。しかし，こうした特殊原価調査は，制度としての原価計算の範囲外に属するものとして，この基準には含めない。

第2節　原価計算の方法

　原価計算は，企業の生産形態や計算目的などによって，その計算方法を分類することができる。すなわち，

　生産形態からみれば「総合原価計算」と「個別原価計算」とに区分される。

　　　見込生産 → 総合原価計算（process cost system）
　　　受注生産 → 個別原価計算（job order cost system）

　また，計算目的からみれば「原価計算制度」と「特殊原価調査」とに区分される。

　　　財務会計機構（勘定機構）と有機的に結び付いている → **原価計算制度**
　　　財務会計機構から離れて原価データを提供する → **特殊原価調査**

　一般に生産形態は，「見込生産」と「受注生産」とに分けられる。**見込生産**は，市場予測に基づき同種同一規格の製品を反復生産する形態であり，この場合，原価計算は一定期間の製品製造に要した諸原価を合計して総製造原価をもとめ，これを生産単位当たりに均等負担させる計算をする。この原価計算形態を「総合原価計算」という。

　これに対し**受注生産**は，特定の注文に応じて製品を製造する形態であり，原価計算も個々の注文に対して個別的に原価を集計し，個別製品ごとの原価を計

算する。この原価計算形態を「個別原価計算」という。またこのような分類は，その生産規模や作業内容によってさらに細かく分かれてくる。

また，原価計算は，企業の給付生産を通じて生産される製品の製造原価を評価するシステムであるが，原価計算の形態のいかんを問わず原価計算には，一定の原価集計の段階がある。原価計算の計算ステップは，①費目別計算，②部門別計算，③製品別計算という3つのプロセスを経ている。

(1) **費目別計算** … 消費された原価要素が何であり，どのくらいあるのかについての計算である。
(2) **部門別計算** … 消費された原価の場所がどこであるかについての計算である。
(3) **製品別計算** … 消費された原価をどの製品が負担するのかについての計算である。

また先に述べたように原価計算は大別すると，総合原価計算と個別原価計算とに分かれるが，これを簡素化し，図示すれば次のようになる。

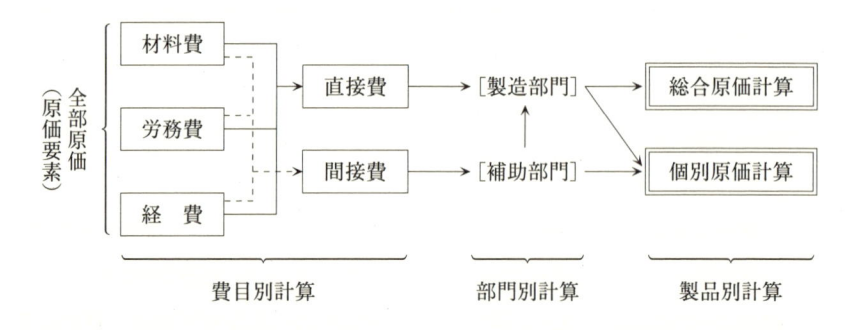

このように原価計算は，費目別計算，部門別計算，製品別計算という3つのステップを踏み計算される。ここでは，この第3ステップである製品別計算，すなわち，総合原価計算と個別原価計算とについてみてみよう。この製品別計算では，消費された原価がどの製品のものであるかについて，原価計算期間別もしくは，製品1単位ごとに算定する手続きである。

2 原価計算の流れ

原価計算の計算ステップは，(1) 費目別計算，(2) 部門別計算，(3) 製品別計算という3つのプロセスを経てなされるが，さらに費目別計算では，各形態別に①材料費，②労務費，③経費とに分けて計算される。

これを勘定上の流れで簡素に示せば次のようになる。

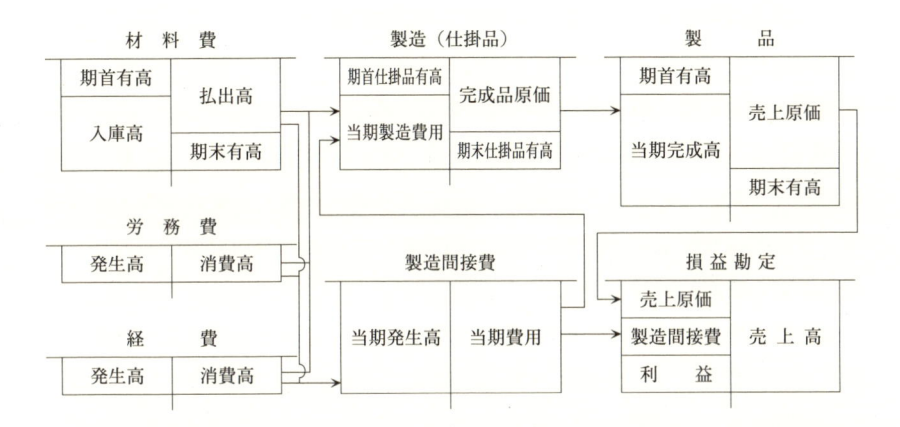

材　料　費		製造（仕掛品）		製　　品	
期首有高	払出高	期首仕掛品有高	完成品原価	期首有高	売上原価
入庫高	期末有高	当期製造費用	期末仕掛品有高	当期完成高	期末有高

労　務　費	
発生高	消費高

製造間接費	
当期発生高	当期費用

損　益　勘　定	
売上原価	売　上　高
製造間接費	
利　　益	

経　　費	
発生高	消費高

(1) 材料勘定…材料勘定の借方には材料の買入高を，貸方にその消費高を記入する。消費高のうち，直接材料費は製造勘定の借方に，間接材料費は製造間接費勘定の借方に振替える。また，材料勘定には，素材・購入部品・工場消耗品などの勘定がある。これらの勘定の残高は，つねに借方にあり，材料の未消費高（在庫高）を示す。

(2) 労務費勘定 … 労務費勘定の借方には労務費の支払高を，貸方にはその消費高を記入する。消費高のうち，直接労務費は製造勘定の借方に，間接労務費は製造間接費勘定の借方に振替える。また，労務費勘定には，賃金・給料・雑給などの勘定がある。賃金勘定の残高は，ふつう貸方にあり，賃金の未払高を示す。

(3) 経費勘定 … 経費勘定の借方には経費の支払高または発生高を，貸方にはその消費高を記入する。消費高のうち，直接経費は製造勘定の借方に，間接経費は製造間接費勘定の借方に振替える。なお，消費高のうちに，販売費及び

一般管理費に関するものがあれば，販売費及び一般管理費勘定の借方に振替える。

　また，経費勘定には，保険料・修繕料・電力料・ガス代などの勘定がある。これらの勘定の残高は，借方の場合もあり，貸方の場合もある。借方残高の場合は経費の前払高を，貸方残高の場合はその未払高を示す。

　(4)　製造間接費勘定 … 製造間接費を集計する勘定である。この勘定の借方には間接材料費・間接労務費および間接経費を振替記入し，貸方には製品への配賦高を記入して，製造勘定の借方に振替える。

　(5)　製造（仕掛品）勘定 … 製品の製造のために消費したすべての原価要素を集計する勘定である。この勘定の借方には直接材料費・直接労務費・直接経費，製造間接費配賦高を振替記入し，貸方には完成品の製造原価を記入して，製品勘定の借方に振替える。

　製造勘定の残高は借方にあり，月末に製造の途中にある未完成品，つまり仕掛品の現在高を示す。完成品の製造原価は，各製品（製造指図書）ごとに設けた原価計算表に，消費した原価要素を記入することによって計算される。

　(6)　製品勘定 … 製品の増減を処理する勘定である。この勘定の借方には完成品の製造原価を記入し，貸方には売上製品の製造原価を記入して，売上原価勘定の借方に振替える。製品勘定の残高は，つねに借方にあり，製品の現在高を示す。

　(7)　売上原価勘定 … この勘定の借方には売上製品の製造原価を記入し，貸方には会計期末時に借方合計額を記入して，損益勘定の借方に振替える。

　(8)　販売費及び一般管理費勘定 … 販売費には，販売員給料手当・旅費交通費・広告宣伝費などがあり，また一般管理費には，役員給料手当・事務員給料手当・減価償却費・地代・家賃などがある。これらは，それぞれの勘定を設けて記入する。販売費及び一般管理費勘定は，ふつう会計期末時に損益勘定の借方に振替える。

　(9)　売上勘定 … この勘定の貸方には売上高を，借方には売上値引高および売上返品高を記入する。この勘定の残高は貸方にあり，純売上高を示し，会計

期末時に損益勘定の貸方に振替える。

［問　題］
(1) 実際原価制度について説明しなさい。
(2) 標準原価制度について説明しなさい。
(3) 直接原価計算の特徴を明らかにしなさい。
(4) 特殊原価調査について説明しなさい。
(5) 個別原価計算について説明しなさい。
(6) 総合原価計算について説明しなさい。
(7) 原価計算のステップについて説明しなさい。

第Ⅱ部　実際原価計算

第4章　費目別原価計算

第1節　材料費の計算

　費目別計算は，原価計算の第1ステップであり，原価の集計を各形態別，すなわち，(1)材料費，(2)労務費，(3)経費とに分けて計算する手続きである。

1　材料費の分類

　実際原価計算においては，製造原価の実際発生額を，まず費目別に計算し，ついで原価部門別に計算し，最後に製品別に集計する。また，販売費及び一般管理費は，一定期間における実際発生額を，費目別に計算する。
　原価の費目別計算は，一定期間における原価要素を費目別に分類測定する手続きをいい，財務会計における費用計算であるとともに，原価計算における第1次の計算段階である。
　費目別計算においては，原価要素を，形態別分類を基礎とし，これを直接費と間接費とに大別し，さらに必要に応じて機能別分類を加味して分類する。
　原価要素のうち，材料費とは，製品生産のために財貨を消費することによって生じた原価である。材料は棚卸資産の一種で，その生産的消費が材料費となる。
　原価の費目別計算における材料費は，次のように分類する。
(1)　**形態別分類** … 原則として，形態別分類を基礎として分類する。
　　①材費（または原料費），②買入部品費，③燃料費，④工場消耗品費，⑤消耗工具器具備品費
(2)　**機能別分類** … 必要に応じて機能別分類を加味して分類する。
　　①主要材料費，②補助材料費（修繕材料費，試験研究材料費など），

③工場消耗品費
(3) 製品関連分類 … 製品生産のために直接に消費されたかどうかによって分類する。
①直接材料費（原料費，買入部品費），②間接材料費（補助材料費，工場消耗品費，消耗工具器具備品費）

2 材料費の計算

材料費の計算は，購入材料費計算と消費材料費計算との2つからなる。

(1) 購入材料費計算は，材料の購入に伴う記帳であり，財務会計の領域である。材料の購入原価は，**材料主費**（材料の購入代価）に，次の**材料副費**を加算した額とする。

材料副費 ─┬─ ①企業の外部で発生する外部副費
　　　　　　　（買入手数料，引取運賃，荷役費，保険料，関税などの引取費用）
　　　　　└─ ②企業の内部で発生する内部副費
　　　　　　　（購入事務，検収，整理，選別，手入，保管などに要した費用）
　　　　　　　ただし，その一部を購入代価に加算しないことができる。

購入代価に材料副費を加えた総額を材料勘定に記入する。材料副費を購入代価に加算しないときは，製造間接費または材料間接費とする。

(2) 消費材料費計算は，原価計算上の材料費計算であって，材料消費額は材料出庫請求書から直接材料費，製造間接費，販売費・一般管理費に分類される消費量を計算し，それぞれに消費価格を掛けて計算する。すなわち，次のとおりである。

$$\boxed{材料費 = 消費量 \times 消費価格}$$

第2節　労務費の計算

1　労務費の分類

材料費が材料という物的消費により生じる原価であるのに対し，労務費は製品生産のために生じる労務用役の消費による原価である。また，材料は倉庫にストックできるが，それに対し労務費は，保管・貯蔵ができないから購入と同時に消費が行われ，ある一期間に発生した労務費は，すべてその期間の労務費となる。

原価の費目別計算における労務費は，次のように分類する。

(1) **形態別分類** … 原則として，形態別分類を基礎として分類する。

①賃金（基本給のほか割増賃金を含む），②給料，③雑給，④従業員賞与手当，⑤退職給与引当金繰入額，⑥福利費（健康保険料負担金など）

(2) **機能別分類** … 必要に応じて機能別分類を加味して分類する。

①業種類別直接賃金，②間接作業賃金，③手待賃金

(3) **製品関連分類** … 製品生産のために直接に消費されたかどうかによって分類する。

①直接労務費（作業種類別に細分することができる），②間接労務費（間接作業賃金，間接工賃金，手待賃金，休業賃金，給料，従業員賞与手当，福利費）

2　労務費の計算

労務費の計算は，支払賃金計算と消費賃金計算との2つからなる。

(1) **支払賃金計算**は，賃金の支払日に工具に支払われる賃金の計算であり，財務会計の領域である。時間給または出来高給として支払われた賃金は，支払総額のうち基本賃金（加給金を含む。）を賃金勘定に，諸手当を従業員賞与手当勘定に記入する。

(2) **消費賃金計算**は，原価計算上の賃金計算であって，消費賃金は作業時間報告書から直接労務費と間接労務費とに分類される作業時間を計算し，そ

れぞれに賃率を掛けて計算する。すなわち，次のとおりである。

$$労務費 = 作業時間 \times 賃率$$

　支払賃金計算と消費賃金計算とは，その計算に時間的な不一致がある。このため，支払賃金計算においては未払賃金勘定を設けて，消費賃金計算との一致をはかる。

第3節　経費の計算

1　経費の分類

　経費は，材料費，労務費以外の原価要素であり，その大部分は間接費であり，主に経営を維持・運営するための費用である。機械生産による固定資産の増大，それに伴う従業員の大量採用，大量生産による在庫量の増加などにより，経費の増大がみられ，その種類も非常に多い。また経費の大部分は，その発生額が極めて固定的である。

　原価の費目別計算における経費は，次のように分類する。

(1)　**形態別分類** … 原則として，形態別分類を基礎として分類する。

　　減価償却費，棚卸減耗費，および福利施設負担額，賃借料，修繕料，電力料，旅費交通費などの諸支払経費

(2)　**機能別分類** … 必要に応じて機能別分類を加味して分類する。

　　各部門の機能別経費に分類する。

(3)　**製品関連分類** … 製品生産のために直接に消費されたかどうかによって分類する。

　　①直接経費（外注加工賃）

　　②間接経費（福利施設負担額，厚生費，減価償却費，賃借料，保険料，修繕料，電力料，ガス代，水道料，租税公課，旅費交通費，通信費，保管料，棚卸減耗費，雑費）

2　経費の計算方法

経費の消費額の計算方法には，次の4種がある。

(1) 支払経費 … 支払高によって消費額の計算を行うもので，外注加工費，修繕料，運賃，保管料，福利施設負担額，厚生費，旅費交通費，通信費，雑費などである。

(2) 測定経費 … メーターなど計量器により消費額を測定するもので，ガス代，水道料，電力料などである。

(3) 月割経費 … 数か月分を一時に総括的に計算しまたは支払う経費であって，これを月割計算して消費額を計算するもので，減価償却費，賃借料，租税公課，保険料などである。

(4) 発生経費 … 直接に支出をともなわないが，その発生額を見積って経費として計算するもので，棚卸減耗費，仕損費などである。

［問　題］
(1) 材料消費量の計算方法について説明しなさい。
(2) 材料消費価格の計算方法について説明しなさい。
(3) 消費賃金の計算について述べなさい。
(4) 賃率の計算方法について説明しなさい。
(5) 経費の計算方法について説明しなさい。
(6) 月割経費について述べなさい。

第5章　部門別原価計算

第1節　部門別計算と原価部門

1　原価の部門別計算

　原価の「部門別計算」は，費目別計算において測定された原価要素を，原価部門別に分類集計する手続きをいい，原価計算における**第2次**の計算段階である。また，原価の「場所別計算」ともいわれる。この場所とは，分権的経営管理組織における管理責任単位を意味しており，ここで部門別計算は，より正確な製品の原価を算出するとともに，より有効な原価管理を行うために計算がなされる。

　原価計算が，費目別計算，部門別計算，製品別計算の3段階を経て行われるとすれば，すべての原価は第2の計算段階で部門別に集計されることになるが，実際には一部の原価項目のみを部門別に計算し，他の項目については費目別計算から，ただちに製品別に計算する原価計算方法も実施されている。

2　原価部門の設定

　部門別計算における「原価部門」とは，原価の発生を機能別，責任区分別に管理するとともに，製品原価の計算を正確にするために，原価要素を分類集計する計算組織上の区分をいい，これを諸製造部門と諸補助部門とに分ける。

　(1) **製造部門** … 部門別計算における原価部門として，直接，企業の目的とする製品の製造作業を行う部門であり，たとえば機械製作工場においては，鋳造部門，鍛造部門，機械加工部門，組立部門，仕上部門などのような生産の流れにそった製造部門が設けられる。また副産物の加工，包装品の製造などを行ういわゆる副経営は，これを製造部門とする。さらに仕掛品が，実際にそのな

かを流れていくという点で，補助部門と区別される。

(2) **補助部門** … 部門別計算における原価部門として，製造部門に対して補助的関係にある部門をいい，これを「補助経営部門」と「工場管理部門」とに分け，さらに機能の種類別などに従って，これを各種の部門に分ける。

補助経営部門とは，その事業の目的とする製品の生産に直接関与しないで，自己の製品または用役を製造部門に提供する諸部門をいい，たとえば動力部，修繕部，運搬部，工具製作部，検査部などがそれである。工具製作，修繕，動力などの補助部門が相当の規模となった場合には，これを独立の経営単位として，計算上製造部門として取り扱う。

工場管理部門とは，管理的機能を行う諸部門をいい，たとえば材料部，労務部，企画部，試験研究部，工場事務部などである。

第2節　部門別計算の手続き

1　部門別原価計算の手続き

部門別原価計算における部門費計算の手続きは，第1次集計と第2次集計という手続きをとり，最終的には「製造部門費」を計算することになる。

第1次集計では，部門個別費は製造部門と補助部門とに直課し，部門共通費は適切な配賦基準をもとに，製造部門と補助部門とに配賦する。これにより製造部門費と補助部門費が計算される。第2次集計では，補助部門の部門個別費と部門共通費の合計額である補助部門費を，補助部門が製造部門へ提供したサービスの量を反映する配賦基準をもとに製造部門に配賦し，第2次集計後の製造部門費が計算される。

したがって，部門費計算の手続きのポイントは，①**部門個別費の把握**，②**部門共通費の配賦**，③**補助部門費の配賦**，であるといえよう。とくに，②部門共通費の配賦と，③補助部門費の配賦，が重要である。

2　部門個別費と部門共通費

　部門別原価計算における第1次集計の手続きとして，まず原価要素とくに製造間接費を製造部門および補助部門に賦課または配賦する。その場合，その原価要素がそれぞれの原価部門において発生したことが直接的に認識されるかどうかによって「部門個別費」と「部門共通費」とに分類される。

(1) **部門個別費** … 発生した製造間接費のうち，特定の部門において発生したと認識できる原価である。たとえば，監督者給料，間接労務費，時間外割増賃金，福利厚生費，間接材料費，工場消耗品費，修繕維持費，機械装置減価償却費などがあり，その発生部門ごとに容易に確認できるから，発生額を直接にその部門に賦課する。

(2) **部門共通費** … 2つ以上の部門のために共通的に発生し，部門との関係を個別的に認識できない原価である。たとえば，工場全体の電力量，建物賃借料，建物減価償却費，保険料，工場長給料など，特定の部門において発生したことが直接認識できない原価である。

　これらの部門共通費は，原価要素別に，またはその性質に基づいて分類された原価要素群別に，もしくは一括して，適当な配賦基準によって関係各部門に配賦する。

3　部門共通費の配賦基準

　部門別原価計算における第1次集計の手続きにおいて，2つ以上の部門のために共通的に発生した「部門共通費」は，適切な**配賦基準**によって関係各部門に配賦される。

　ここにいう適切な配賦基準としては，①部門共通費の発生と直接的な因果関係が存在すること，②少ない労力で容易に配賦額を計算できること，という2つの条件を満たす必要がある。

　たとえば，部門共通費を各関係部門に配賦する場合の基準には，次のようなものがある。

(1) 建物の減価償却費・固定資産税・地代・家賃などの固定費に属する原価

は，各部門の占有面積を基準として配賦する。
(2) 動力費・用水費・ガス代などの測定経費は，各部門の機械の馬力数と運転時間との積数や直接作業時間を基準として配賦する。
(3) 各部門の製造に共通的に従事する工場長・職長・工員・雑役工などに支払う賃金・給料は，各部門の直接費額，直接作業時間数，機械運転時間数，工員数と作業時間との積数などを基準として配賦する。
(4) 部門共通費として消費された素材・部品などがある場合には，各部門の直接材料費の消費額を基準として配賦する。

なお，工場全体に関連して発生する部門共通費で，適切な配賦基準を見いだせないときには，これを一般費とし，補助部門費として処理することができる。

[例　題]　次の資料から，「部門共通費」のA製造部門とB製造部門への配賦額を計算しなさい。

(資料)

費　目	金　額	製造部門		補助部門		
		A製造部門	B製造部門	動力部門	修繕部門	工場事務部門
部門個別費						
間接材料費	210,000	78,000	63,000	24,000	37,000	8,000
間接労務費	287,600	146,000	95,000	11,600	20,000	15,000
部門共通費						
(配賦基準)						
間接労務費	102,000	(15人)	(10人)	(3人)	(4人)	(2人)
間接経費	36,000	(100㎡)	(70㎡)	(20㎡)	(35㎡)	(25㎡)

(解説)
　部門共通費の配賦基準として，間接労務費については従業員数，間接経費については建物の占有面積がとられている。このため，部門共通費の製造部門への配賦額は次のようになる。

(1) 間接労務費

$$A製造部門：間接労務費 ¥102,000 \times \frac{15人}{34人} = ¥45,000$$

B製造部門：間接労務費￥102,000×$\frac{10人}{34人}$＝￥30,000

(2) 間接経費

A製造部門：間接経費￥36,000×$\frac{100㎡}{250㎡}$＝￥14,400

B製造部門：間接経費￥36,000×$\frac{70㎡}{250㎡}$＝￥10,080

(3) 部門共通費合計

A製造部門：間接労務費￥45,000＋間接経費￥14,400＝￥59,400

B製造部門：間接労務費￥30,000＋間接経費￥10,080＝￥40,080

(4) 部門費合計

A製造部門：部門個別費￥224,000＋部門共通費￥59,400＝￥283,400

B製造部門：部門個別費￥158,000＋部門共通費￥40,080＝￥198,080

第3節　補助部門費の配賦

1　補助部門費の配賦

　部門別原価計算における第2次集計の手続きは，補助部門費を製造部門に配賦することである。すなわち，部門費の第1次集計において，各補助部門に対し，部門個別費は直課され，部門共通費は適切な配賦基準により配賦される。そして，その個別費と共通費を合計した補助部門費が，次の第2次集計において適切な配賦基準により，各製造部門に配賦される。

　部門別原価計算における第2次集計の手続きとして，製造部門への補助部門費の配賦のための適切な配賦基準として，用役の提供割合を反映した適切な数量または金額を測定することが必要である。さらに，複数基準配賦法，すなわち固定費については用役を消費する能力に応じて，また変動費については用役を実際に消費した割合で配賦する方法，により行うのが理論的には正しい方法であるとされている。

　補助部門費の配賦基準として，一般に次のように適用される。

(1) 動力部費　…　各部門に計量器がある場合には，これで測定した各部門の

動力消費量，計量器がない場合には，据付機械の馬力数または馬力時間など。
(2) 用水部費 … 各部門の計量器で測定した用水消費量など。
(3) 修繕部費 … 修繕作業時間，修繕作業の単位を基礎として計算した各部門の修繕額など。
(4) 運搬部費 … 各部門の運搬物品の重量，運搬距離，運搬回数など。
(5) 検査部費 … 各製造部門における検査上の作業時間など。
(6) 材料部費 … 各部門への出庫材料の価額，重量，数量など。
(7) 労務部費または福利部費 … 各部門の従業員数，賃金額など。
(8) 試験研究部費 … 各製造部門の直接労働時間，生産数量など。
(9) 企画設計部費 … 各製造部門の直接労働時間，従業員数など。
(10) 工場事務部費 … 各製造部門の直接労働時間，従業員数など。
(11) 建物費 … 各部門の占有面積など。
(12) 一般費 … 各製造部門の直接労働時間など。

2 補助部門費の配賦方法

部門別原価計算における第2次集計の手続きとして，補助部門費の配賦計算について，補助部門費は，**直接配賦法，階梯式配賦法，相互配賦法**などに従い，適当な配賦基準によって，各製造部門に配賦して製造部門費を計算する。

さらに，一部の補助部門費は，必要ある場合には，これを製造部門に配賦しないで直接に製品に配賦することができる。これは，たとえば検査部門費や運搬部門費のように，補助部門のサービスが製品に対して直接に行われ，そのサービス時間を製品別に測定できる場合には，これを製品に直接に配賦することができるからである。

(1) 直接配賦法

部門別原価計算における第2次集計手続の補助部門費の配賦計算の方法として，「直接配賦法」がある。これは，補助部門相互間の用役の授受を計算上無視し，すべての補助部門費を他の補助部門に配賦することなく，製造部門のみ

に直接的に配賦する方法である。

　この方法は，補助部門間の用役の授受という事実を無視しているので，正確性を欠く方法であるといわれるが，反面，他の方法よりも容易に迅速に適用できるため，広く採用されている。

　こうした補助部門費の配賦計算を行うため，「部門費配賦表」を作成する。これは，また部門費計算表ともいわれる。

[例　題]　次の資料から，直接配賦法によってA製造部門費とB製造部門費とを計算し，部門費配賦表を作成しなさい。

（資料）

費　目	金　額 (配賦基準)	製造部門		補助部門		
		A製造部門	B製造部門	動力部門	修繕部門	工場事務部門
部門費合計	435,600	156,000	144,000	61,200	60,000	14,400
動力部門費	機械馬力数	400馬力	400馬力	──	50馬力	──
修繕部門費	修　繕　額	16,000	24,000	7,000	──	3,000
工場事務部門費	労働時間数	380時間	420時間	120時間	80時間	──

（解説）

　直接配賦法は，補助部門間の用役の授受を無視して，補助部門費を製造部門のみに直接的に配賦する方法である。その配賦計算は，次のとおりである。

(1)　動力部門費の配賦計算

　　まず動力部門費を製造部門に配賦する。その配賦基準は，製造部門で使用されている機械の馬力数である。

$$A部門への配賦額：¥61,200 \times \frac{400}{800} = ¥30,600$$

$$B部門への配賦額：¥61,200 \times \frac{400}{800} = ¥30,600$$

(2)　修繕部門費の配賦計算

　　次に修繕部門費を，製造部門の修繕額を配賦基準として，製造部門に配賦する。

$$A部門への配賦額：¥60,000 \times \frac{16,000}{40,000} = ¥24,000$$

B部門への配賦額：¥60,000×$\frac{24,000}{40,000}$＝¥36,000

(3) 工場事務部門費の配賦計算

また工場事務部門費は，製造部門の労働時間数を基準として，配賦計算を行う。

A部門への配賦額：¥14,400×$\frac{380}{800}$＝¥6,840

B部門への配賦額：¥14,400×$\frac{420}{800}$＝¥7,560

(4) 補助部門費の配賦額合計

A部門への配賦額：¥30,600＋24,000＋6,840＝¥61,440

B部門への配賦額：¥30,600＋36,000＋7,560＝¥74,160

(5) 製造部門費の合計額

A部門の合計額：¥156,000＋61,440＝¥217,440

B部門の合計額：¥144,000＋74,160＝¥218,160

(6) 部門費配賦表

以上の計算に基づき，部門費配賦表を作成すれば，次のとおりである。

（直接配賦法）　　　　　　　　**部門費配賦表**

費　　目	金　額	製造部門		補助部門		
		A製造部門	B製造部門	動力部門	修繕部門	工場事務部門
部門費合計	435,600	156,000	144,000	61,200	60,000	14,400
動力部門費	61,200	30,600	30,600			
修繕部門費	60,000	24,000	36,000			
工場事務部門費	14,400	6,840	7,560			
配賦額合計	135,600	61,440	74,160			
製造部門費合計	435,600	217,440	218,160			

(2) 階梯式配賦法

部門別原価計算における第2次集計手続の補助部門費の配賦計算の方法として，「階梯式配賦法」がある。これは，補助部門相互間の用役の授受の一部を無視し，一部を計算上認識する方法である。

すなわち，補助部門相互間で授受される用役を比較して，もっとも多くの部

門に用役を提供している補助部門を第一順位として，その補助部門費を第二順位以下の部門に配賦し，次に，第二順位の補助部門の部門費を第三順位以下の部門に配賦するという方法で，最終的には，すべての補助部門費を製造部門に集計する方法である。

したがって，この方法では，補助部門の配列順位が重要となるが，部門費配賦表において補助部門を第一順位から順に右から左に並べて，右の補助部門費を左の補助部門に配賦を行う。このため配賦計算が階梯状に示されるので，階梯式配賦法といわれる。

この方法は，補助部門間の用役の授受を認識するので，直接配賦法よりは正確である。しかし，配賦計算の結果は部門費配賦表に記入される補助部門の順序に大きく左右されるという欠点がある。このため，実施に伴う手続きを考慮にいれると，必ずしも直接配賦法より優れた方法とはいえない。

[例　題]　まえの直接配賦法に関する資料から，階梯式配賦法によってA製造部門費とB製造部門費とを計算し，部門費配賦表を作成しなさい。

（解説）

1)　資料によれば，多くの部門に用役を提供している部門は，工場事務部門と修繕部門であるが，その用役提供割合の計算は，次のとおりである。

工場事務部門から修繕部門への用役提供の割合

$$¥14,400 \times \frac{80}{1,000} = ¥1,152 \quad （これは¥14,400の8％である。）$$

修繕部門から工場事務部門への用役提供の割合

$$¥60,000 \times \frac{3,000}{50,000} = ¥3,600 \quad （これは¥60,000の6％である。）$$

すなわち，工場事務部門が修繕部門に提供している用役の割合は，工場事務部門費の総額の8％であり，逆に修繕部門が工場事務部門に対する割合は6％である。したがって，工場事務部門が第一順位，修繕部門が第二順位となる。

2)　そこで，階梯式配賦法による補助部門費の製造部門への配賦計算は，次のとおりである。

① 工場事務部門費の配賦計算

$$A部門への配賦額： ¥14,400 \times \frac{380}{1,000} = ¥5,472$$

$$B部門への配賦額： ¥14,400 \times \frac{420}{1,000} = ¥6,048$$

$$動力部門への配賦額： ¥14,400 \times \frac{120}{1,000} = ¥1,728$$

$$修繕部門への配賦額： ¥14,400 \times \frac{80}{1,000} = ¥1,152$$

② 修繕部門費の配賦計算

修繕部門費の合計額＝¥60,000＋1,152（工場事務部門費の修繕部門への配賦額）＝¥61,152

$$A部門への配賦額： ¥61,152 \times \frac{16,000}{47,000} = ¥20,818$$

$$B部門への配賦額： ¥61,152 \times \frac{24,000}{47,000} = ¥31,226$$

$$動力部門への配賦額： ¥61,152 \times \frac{7,000}{47,000} = ¥\ 9,108$$

③ 動力部門費の配賦計算

動力部門費の合計額＝¥61,200＋1,728（工場事務部門費の動力部門への配賦額）＋9,108（修繕部門費の動力部門への配賦額）＝¥72,036

$$A部門への配賦額： ¥72,036 \times \frac{400}{800} = ¥36,018$$

$$B部門への配賦額： ¥72,036 \times \frac{400}{800} = ¥36,018$$

④ 補助部門費の配賦額合計
　　A部門への配賦額：　¥ 5,472＋20,818＋36,018＝¥62,308
　　B部門への配賦額：　¥ 6,048＋31,226＋36,018＝¥73,292

⑤ 製造部門費の合計額
　　A部門の合計額：　　¥156,000＋62,308＝¥218,308
　　B部門の合計額：　　¥144,000＋73,292＝¥217,292

3) 部門費配賦表

以上の計算に基づき，部門費配賦表を作成すれば，次のとおりである。

（階梯式配賦法）　　　　　　部門費配賦表

費　目	金　額	製造部門 A製造部門	製造部門 B製造部門	補助部門 動力部門	補助部門 修繕部門	補助部門 工場事務部門
部門費合計	435,600	156,000	144,000	61,200	60,000	14,400
工場事務部門費	14,400	5,472	6,048	1,728	1,152	14,400
修繕部門費	61,152	20,818	31,226	9,108	61,152	
動力部門費	72,036	36,018	36,018	72,036		
配賦額合計	135,600	62,308	73,292			
製造部門費合計	435,600	218,308	217,292			

(3) 相互配賦法

　部門別原価計算における第2次集計手続の補助部門費の配賦計算の方法として，「相互配賦法」がある。これは，補助部門相互間の用役の授受を計算上も認識し，その割合に応じて補助部門にも配賦を行う方法である。

　この方法は，理論的には二次配賦・三次配賦・四次配賦と繰り返して配賦することにより，各補助部門費はだんだんゼロに近づいていく。しかし計算の時間と経済性の観点から，一次配賦においてのみ純粋な相互配賦法を実施し，二次配賦は直接配賦法，すなわち補助部門間の用役授受を無視して，すべての補助部門費を製造部門にのみ配賦するという方法により行うのが通例である。

　したがって，これは簡便法であり，直接配賦法や階梯式配賦法に比べると正確であるが，完全なものではない。しかし，直接配賦法に次いで広く採用されている。

［例　題］　まえの直接配賦法に関する資料から，相互配賦法によってA製造部門費とB製造部門費とを計算し，部門費配賦表を作成しなさい。

（解説）
(1) 補助部門費の製造部門への配賦計算は，次のとおりである。

1) 1次配賦の計算
    ① 動力部門費の配賦計算

    A部門への配賦額： $¥61,200 \times \dfrac{400}{850} = ¥28,800$

    B部門への配賦額： $¥61,200 \times \dfrac{400}{850} = ¥28,800$

    修繕部門への配賦額：$¥61,200 \times \dfrac{50}{850} = ¥3,600$

    ② 修繕部門費の配賦計算

    A部門への配賦額： $¥60,000 \times \dfrac{16,000}{50,000} = ¥19,200$

    B部門への配賦額： $¥60,000 \times \dfrac{24,000}{50,000} = ¥28,800$

    動力部門への配賦額：$¥60,000 \times \dfrac{7,000}{50,000} = ¥8,400$

    工場事務部門への配賦額：$¥60,000 \times \dfrac{3,000}{50,000} = ¥3,600$

    ③ 工場事務部門費の配賦計算

    A部門への配賦額： $¥14,400 \times \dfrac{380}{1,000} = ¥5,472$

    B部門への配賦額： $¥14,400 \times \dfrac{420}{1,000} = ¥6,048$

    動力部門への配賦額：$¥14,400 \times \dfrac{120}{1,000} = ¥1,728$

    修繕部門への配賦額：$¥14,400 \times \dfrac{80}{1,000} = ¥1,152$

    ④ 1次配賦額合計
        A部門合計： 動力部門費¥28,800＋修繕部門費¥19,200＋工場事務部門費¥5,472＝¥43,472
        B部門合計： 動力部門費¥28,800＋修繕部門費¥28,800＋工場事務部門費¥6,048＝¥63,648
    動力部門合計：修繕部門費¥8,400　＋工場事務部門費¥1,728＝¥10,128
    修繕部門合計：動力部門費¥3,600＋工場事務部門費¥1,152＝¥4,752
    工場事務部門合計：修繕部門費¥3,600
        1次配賦額合計：動力部門費¥61,200＋修繕部門費¥60,000＋工場事務部門費¥14,400＝¥135,600

2) 2次配賦の計算
　① 動力部門費の配賦計算

$$A部門への配賦額：¥10,128 \times \frac{400}{800} = ¥\ 5,064$$

$$B部門への配賦額：¥10,128 \times \frac{400}{800} = ¥\ 5,064$$

　② 修繕部門費の配賦計算

$$A部門への配賦額：¥\ 4,752 \times \frac{16,000}{40,000} = ¥\ 1,901$$

$$B部門への配賦額：¥\ 4,752 \times \frac{24,000}{40,000} = ¥\ 2,851$$

　③ 工場事務部門費の配賦計算

$$A部門への配賦額：¥\ 3,600 \times \frac{380}{800} = ¥\ 1,710$$

$$B部門への配賦額：¥\ 3,600 \times \frac{420}{800} = ¥\ 1,890$$

　④ 2次配賦額合計
　　　A部門合計：　動力部門費¥ 5,064＋修繕部門費¥1,901＋工場事務部門費¥1,710＝¥8,675
　　　B部門合計：　動力部門費¥ 5,064＋修繕部門費¥2,851＋工場事務部門費¥1,890＝¥9,805
　　　2次配賦額合計：動力部門費¥10,128＋修繕部門費¥4,752＋工場事務部門費¥3,600＝¥ 18,480
　⑤ 製造部門費合計
　　　A部門合計：部門費¥156,000＋1次配賦額¥43,472＋2次配賦額¥8,675＝¥218,147
　　　B部門合計：部門費¥144,000＋1次配賦額¥63,648＋2次配賦額¥9,805＝¥217,453
3) 部門費配賦表
　以上の計算に基づき，部門費配賦表を作成すれば，次のとおりである。

(相互配賦法)　　　　　　　　部門費配賦表

費　目	金　額	製造部門 A製造部門	製造部門 B製造部門	補助部門 動力部門	補助部門 修繕部門	補助部門 工場事務部門
部門費合計	435,600	156,000	144,000	61,200	60,000	14,400
(1次配賦)						
動力部門費	61,200	28,800	28,800		3,600	
修繕部門費	60,000	19,200	28,800	8,400		3,600
工場事務部門費	14,400	5,472	6,048	1,728	1,152	
1次配賦額合計	135,600	53,472	63,648	10,128	4,752	3,600
(2次配賦)						
動力部門費	10,128	5,064	5,064			
修繕部門費	4,752	1,901	2,851			
工場事務部門費	3,600	1,710	1,890			
2次配賦額合計	18,480	8,675	9,805			
製造部門費合計	435,600	218,147	217,453			

[問　題]

(1) 部門別原価計算における原価部門について説明しなさい。
(2) 部門個別費と部門共通費について説明しなさい。
(3) 部門共通費の配賦基準について説明しなさい。
(4) 補助部門費の配賦方法としての直接配賦法を説明しなさい。
(5) 補助部門費の配賦方法としての階梯式配賦法を説明しなさい。
(6) 補助部門費の配賦方法としての相互配賦法を説明しなさい。
(7) 次の資料から下記の部門費振替表を完成しなさい。
　　ただし，第1次配賦は相互配賦法，第2次配賦は直接配賦法によること。

(資料)

配賦基準	合　計	プレス部	組立部	材料倉庫部	動　力　部	工場事務部
動力供給量	650kw-h	400kw-h	200kw-h	50kw-h	—	—
材料出庫額	80万円	40万円	30万円	—	10万円	—
従業員数	100人	40人	34人	8人	18人	—

部門費振替表

費目	合計	製造部門 プレス部	製造部門 組立部	補助部門 材料倉庫部	補助部門 動力部	補助部門 工場事務部
部門費	1,170,000	476,000	394,000	120,000	130,000	50,000
第1次配賦						
工場事務部門費						
動力部費						
材料倉庫部費						
第2次配賦						
動力部費						
材料倉庫部費						
製造部門費						

第6章 製品別原価計算(1) 総合原価計算

第1節 単純総合原価計算

1 原価の製品別計算

　実際原価計算においては，製造原価の実際発生額を，まず費目別に計算し，ついで原価部門別に計算し，最後に製品別に集計する。

　原価の「製品別計算」とは，原価要素を一定の製品単位に集計し，単位製品の製造原価を算定する手続きをいい，原価計算における第3次の計算段階である。

　製品別計算のためには，原価を集計する一定の製品単位すなわち「原価単位」を定める。原価単位は，これを個数，時間数，度量衡単位などをもって示し，業種の特質に応じて適当に定める。

2 製品別計算の種類

　製品別計算は，経営における生産形態の種類別に対応して，これを次のような類型に区分する。

(1) 総合原価計算

　① 単純総合原価計算 … 同種製品を反復連続的に生産する生産形態に適用する。

　② 等級別総合原価計算 … 同一工程において，同種製品を連続生産するが，その製品を形状，大きさ，品位などによって等級に区別する場合に適用する。

　③ 組別総合原価計算 … 異種製品を組別に連続生産する生産形態に適用する。

(2) **個別原価計算** … 種類を異にする製品を個別的に生産する生産形態に適用する。
(3) **工程別総合原価計算** … 製造工程が2以上の連続する工程に分けられ，工程ごとにその工程製品の総合原価を計算する方法である。具体的には，① 工程別単純総合原価計算，② 工程別等級別総合原価計算，③ 工程別組別総合原価計算，として行われる。
(4) **加工費工程別総合原価計算** … 原料がすべて最初の工程の始点で投入され，その後の工程では，単にこれを加工するにすぎない場合の方法である。具体的には，① 加工費工程別単純総合原価計算，② 加工費工程別個別総合原価計算として行われる。

3　単純総合原価計算

単純総合原価計算は，同種製品を**反復連続的**に生産する生産形態に適用する。単純総合原価計算は，単一工程総合原価計算ともいわれ，製造部門の工程を分けずに単一工程とみなして，製造原価を算出する総合原価計算である。

したがって，1原価計算期間に発生したすべての原価要素を集計して当期製造費用を求め，これに期首仕掛品原価を加え，この合計額（以下これを「総製造費用」という）を，**完成品**と**期末仕掛品**とに分割計算することにより，完成品総合原価を計算し，これを製品単位に均分して単位原価を計算する。

これを算式で示すと，次のようになる。

| 当期製造費用＋期首仕掛品原価－期末仕掛品原価＝完成品総合原価 |
| 完成品総合原価÷完成品数量＝完成品単位原価 |

4　期末仕掛品原価の計算方法

総合原価計算においては，当期総製造費用を，期末仕掛品原価と完成品総合原価とに配分する。したがって完成品総合原価は，期末仕掛品原価の額によって影響を受けるから，「期末仕掛品原価」の計算が非常に重要となる。

仕掛品原価の計算法として，(1) 原価要素別評価法，(2) 部分原価評価法，(3) 予定原価法，(4) 評価省略法がある。

(1) **原価要素別評価法** … 当期製造費用と期首仕掛品原価を，原則として直接材料費と加工費とに分け，期末仕掛品原価の完成品換算量を直接材料費と加工費とについて算定する。

期末仕掛品原価の**完成品換算量**は，直接費材料費については，期末仕掛品に含まれる直接材料消費量の完成品に含まれるそれに対する比率を算定し，これを期末仕掛品現在量に乗じて計算する。加工費については，期末仕掛品の仕上り程度の完成品に対する比率を算定し，これを期末仕掛品現在量に乗じて計算する。

〈完成品換算量の例〉

ある1つの製品のために消費される材料が20kgで，また期末時に完成しなかった仕掛品が10kgを消費していたとすれば，期末仕掛品を完成品量に換算すると0.5個（10kg÷20kg），つまり50％（通常，これを作業進捗度50％という）分だけ完成していることになる。また，この作業進捗度50％の期末仕掛品が50個あったとし，これを完成品に換算すると25個（50個×50％）と計算することができる。

このようにして期末仕掛品が完成品換算されることによって，その期末仕掛品原価は完成品量と按分計算されることになる。これを式で示すと次のようになる。

期末仕掛品原価＝総製造原価×期末仕掛品換算量÷(完成品量＋期末仕掛品換算量)

さらにこのような期末仕掛品の評価方法には，製造原価が当期だけではなく期首仕掛品原価（前期の仕掛品分）を含んでいることに注意しなければならない。そしてこの評価方法には，期末仕掛品の原価を期首仕掛品原価と当期製造原価とのどの部分に負担させるかによって，①平均法，②先入先出法，③後入先出法とがある。

(2) **部分原価評価法** … 仕掛品に含まれる原価要素の一部をもって仕掛品原価とするもので，直接材料費法・直接労務費法・加工費法などがあるが，一般には直接材料費法が重要である。すなわち，平均法・先入先出法・後入先出法によって，加工費について期末仕掛品の完成品換算量を計算することが困難な場合には，当期の加工費総額はすべて完成品に負担させ，期末仕掛品は直接材料費のみで計算することができる。

(3) **予定原価法**（または正常原価法）… 期末仕掛品は，必要ある場合には，予定原価または正常原価をもって評価することができる。

(4) **評価省略法** … 期末仕掛品の数量が毎期ほぼ等しい場合には，総合原価の計算上これを無視し，当期製造費用をそのまま完成品総合原価とすることができる。

5　完成品単位原価の計算法

完成品単位原価の計算法として，(1) 平均法，(2) 先入先出法，(3) 後入先出法がある。

(1) **平均法**

これは，期首仕掛品原価が，前月の作業により発生した原価であるにもかかわらず，あたかも今月に製造を開始し，それによって今月発生した原価であるかのように計算上取り扱う方法である。

したがって，当期の直接材料費総額（期首仕掛品および当期製造費用中に含まれる直接材料費の合計額）および当期の加工費総額（期首仕掛品および当期製造費用中に含まれる加工費の合計額）を，それぞれ完成品数量と期末仕掛品の完成品換算量との比により，完成品と期末仕掛品とに按分して，それぞれ両者に含まれる直接材料費と加工費とを算定し，これをそれぞれ合計して完成品総合原価と期末仕掛品原価を算定する。

　[例　題]　次の資料から，「平均法」により完成品単位原価を計算し，原価計算表を作成しなさい。

(資料)

摘　　要		物　量	原　価
期首仕掛品	数　量	100kg	—
	加工進捗度	60%	—
	直接材料費	—	50,000円
	加 工 費	—	100,000円
当　期	投 入 材 料	1,000kg	—
	直接材料費	—	600,000円
	加 工 費	—	1,300,000円
期末仕掛品	数　量	150kg	—
	加工進捗度	40%	—
	直接材料費	—	x 円
	加 工 費	—	y 円
完 成 品	数　量	(950kg)	—
	直接材料費	—	X 円
	加 工 費	—	Y 円

完成品量 ＝ 期首仕掛品量 ＋ 当期投入量 － 期末仕掛品量
　　　　　＝ 100kg ＋ 1,000kg － 150kg ＝ 950kg

(注) 直接材料費は，製造工程の始点において全部投入され，加工費は，工程の進捗度合いに応じて消費されるものとする。なお，円位未満は切り捨てる。

(解説)

　平均法により期末仕掛品を評価するということは，期首仕掛品原価と当期製造原価両方を完成品と期末仕掛品の両方に原価を平均的に負担（加重平均）させることである。したがってその計算式は，次のようになる。

〈平均法〉

期 末 仕 掛 品 原 価 ＝ 期末仕掛品直接材料費 ＋ 期末仕掛品加工費

期末仕掛品直接材料費 ＝（期首仕掛品直接材料費 ＋ 当期直接材料費）
$$\times \frac{期末仕掛品換算量}{完成品量＋期末仕掛品換算量}$$

期 末 仕 掛 品 加 工 費 ＝（期首仕掛品加工費 ＋ 当期加工費）
$$\times \frac{期末仕掛品換算量}{完成品量＋期末仕掛品換算量}$$

〈期末仕掛品〉

$$直接材料費(x) = (¥50,000 + ¥600,000) \times \frac{150}{950 + 150} = ¥88,636$$

期末仕掛品直接材料費

←期首仕掛品（100kg）→	←当期投入（1,000kg）→	完成品直接材料費
50,000円	600,000円	
期末仕掛品（150kg） x 円		→ 期末仕掛品直接材料費

$$加工費(y) = (¥100,000 + ¥1,300,000) \times \frac{150 \times 0.4}{950 + 150 \times 0.4} = ¥83,168$$

期末仕掛品直接加工費

←期首仕掛品（60%）→	←当期投入→	完成品直接加工費
100,000円	1,300,000円	
期末仕掛品（150kg） y 円		→ 期末仕掛品直接加工費

期末仕掛品原価$(x + y) = ¥88,636 + ¥83,168 = ¥171,804$

〈完成品〉

直接材料費（X）　＝（¥50,000 + ¥600,000）− ¥88,636 ＝ ¥561,364
加　工　費（Y）　＝（¥100,000 + ¥1,300,000）− ¥83,168 ＝ ¥1,316,832
完成品原価（X＋Y）＝ ¥561,364 + ¥1,316,832 ＝ ¥1,878,196
完成品単位原価の計算　¥1,878,196 ÷ 950kg ＝ ＠¥1,977

これが単純総合原価計算（単一生産工程の場合）における平均法をもちいた計算方法であり，これを総合原価計算表で示すと次のようになる。

原価計算表

摘　　要	数　量	直接材料費	加 工 費	合　　計
期首仕掛品	100kg	500,000円	100,000円	150,000円
当期着手量	1,000	600,000	1,300,000	1,900,000
合　　　計	1,100	650,000	1,400,000	2,050,000
期末仕掛品	150	88,636	83,168	171,804
完　成　品	950	561,364	1,316,832	1,878,196
製品単位原価	1	591	1,386	1,977

(2) 先入先出法

　これは，期首仕掛品があればこれを優先的に先に加工して完成させ，それが完了した後に，次の加工分を新たに着手して完成させていく，という計算法である。

　したがって，期首仕掛品原価はすべて完成品の原価に算入し，当期製造費用を，完成品数量から期首仕掛品の完成品換算量を差引いた数量と，期末仕掛品の完成品換算量との比により，完成品と期末仕掛品とに按分して完成品総合原価と期末仕掛品原価を算定する。

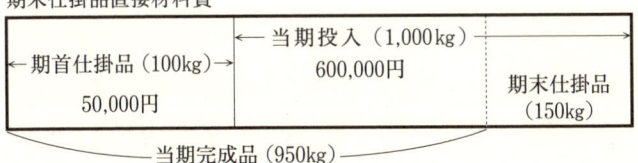

$$期末仕掛品直接材料費 = 当期直接材料費 \times \frac{期末仕掛品換算量}{完成品量 - 期首仕掛品換算量 + 期末仕掛品換算量}$$

$$期末仕掛品加工費 = 当期加工費 \times \frac{期末仕掛品換算量}{完成品量 - 期首仕掛品換算量 + 期末仕掛品換算量}$$

[例 題] まえの平均法による計算に関する資料から，「先入先出法」により完成品単位原価を計算しなさい。

（解説）

〈期末仕掛品〉

$$直接材料費(x) = ￥600,000 \times \frac{150}{950 - 100 + 150} = ￥90,000$$

期末仕掛品直接材料費

←期首仕掛品（100kg）→	←当期投入（1,000kg）──────→	
50,000円	600,000円	期末仕掛品（150kg）
←──────当期完成品（950kg）──────→		

$$加工費(y) = ￥1,300,000 \times \frac{150 \times 0.4}{950 - 100 \times 0.6 + 150 \times 0.4}$$

$$= ￥1,300,000 \times \frac{60}{950} = ￥82,105$$

期末仕掛品直接加工費

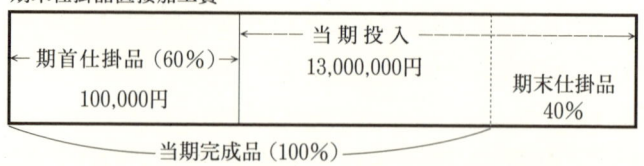

```
┌─期首仕掛品(60%)─┬──── 当期投入 ────────┐
│    100,000円     │    13,000,000円    │期末仕掛品│
│                  │                    │  40%    │
└──────────────────┴────────────────────┴─────────┘
         └──── 当期完成品(100%)────┘
```

期末仕掛品原価＝(x＋y)＝¥90,000＋¥82,105＝¥172,105

〈完成品〉

直接材料費（X） ＝（¥50,000＋¥600,000）－¥90,000＝¥560,000

加 工 費（Y） ＝（¥100,000＋¥1,300,000）－¥82,105＝¥1,317,895

完成品原価（X＋Y）＝ ¥560,000＋¥1,317,895＝¥1,877,895

完成品単位原価の計算　¥1,877,895÷950kg＝@¥1,976

(3) 後入先出法

　これは，先入先出法とは逆に，期首仕掛品があればその加工を後回しにして，新たな製品の加工に着手しこれを完成させ，なお余力があれば，期首仕掛品の完成に振り向ける，という計算法である。

　したがって，期末仕掛品の完成品換算量のうち，期首仕掛品の完成品換算量に相当する部分については，期首仕掛品原価をそのまま適用して評価し，これを超過する期末仕掛品の完成品換算量と完成品数量との比により，期末仕掛品と完成品とに按分し，期末仕掛品に対して按分された額と期首仕掛品原価との合計額をもって，期末仕掛品原価とし，完成品に按分された額を完成品総合原価とする。

　すなわち，①期首仕掛品換算量＞期末仕掛品換算量の場合は，期末仕掛品直接材料費・加工費とも期首仕掛品に負担させ，②期首仕掛品換算量＜期末仕掛品換算量の場合は，期末仕掛品をまず期首仕掛品に負担させ，不足分を当期投入分に負担させる計算方法である。

①期首仕掛品換算量＞期末仕掛品換算量の場合

$$期末仕掛品直接材料費＝期首仕掛品直接材料費×\frac{期末仕掛品換算量}{期首仕掛品換算量}$$

$$期末仕掛品加工費＝期首仕掛品加工費×\frac{期末仕掛品換算量}{期首仕掛品換算量}$$

②期首仕掛品換算量＜期末仕掛品換算量の場合

$$期末仕掛品直接材料費＝期首仕掛品直接材料費＋当期直接材料費 \\ ×\frac{期末仕掛品換算量－期首仕掛品換算量}{完成品量＋期末仕掛品換算量－期首仕掛品換算量}$$

$$期末仕掛品加工費＝（期首仕掛品加工費＋当期加工費） \\ ×\frac{期末仕掛品換算量－期首仕掛品換算量}{完成品量＋期末仕掛品換算量－期首仕掛品換算量}$$

[例 題] まえの平均法による計算に関する資料から,「後入先出法」により完成品単位原価を計算しなさい。

（解説）

〈期末仕掛品〉

（②期首仕掛品換算量＜期末仕掛品換算量の場合）

$$直接材料費(x) ＝ （¥50,000＋¥600,000）×\frac{150－100}{950＋150－100}$$

$$＝ ¥650,000×\frac{50}{1,000}$$

$$＝ ¥80,000$$

期末仕掛品直接材料費

←期首仕掛品→	当期投入（1,000kg）
（100kg）	600,000円
50,000円	

└期末仕掛品（150kg）┘└当期完成品（950kg）┘

(①期首仕掛品換算量＞期末仕掛品換算量の場合)

$$加工費(y) = ¥100,000 \times \frac{150 \times 0.4}{100 \times 0.6}$$

$$= ¥100,000 \times 1 = ¥100,000$$

期末仕掛品直接加工費

←期首仕掛品→	当期投入
60% 100,000円	13,000,000円

　　　期末仕掛品 40%　　当期完成品（100%）

期末仕掛品原価（x＋y）＝¥80,000 ＋¥100,000＝¥180,000

〈完成品原価〉

　　直接材料費（X）　＝（¥50,000＋¥600,000）－¥80,000＝¥570,000
　　加　工　費（Y）　＝（¥100,000＋¥13,000,000）－¥100,000＝¥13,000,000
　　完成品原価(X＋Y)＝¥540,000＋¥825,000＝¥1,357,000
　　完成品単位原価の計算　¥1,357,000÷950kg＝@¥1,428

6　工程損失の処理

　製造工程に投入された投入量と産出量が一致しないことがある。通常は、その産出量に不足を生じる。その不足量を工程損失という。工程損失は「仕損と減損」に分けられる。すなわち、製品の製造過程において何らかの原因（たとえば従業員の過失、機械の故障など）によって、仕損品や減損が生じるのが普通である。このような正常な仕損や減損は、製造過程で生じるがゆえに、製造原価の一部として算入されることになる。

　それでは、この仕損や減損を含んだ場合の計算手続について前例をもとに示してみよう。

[例　題]　前例に基づき、期末時に仕損もしくは減損が20kg（加工進捗度70%）生じ、これを完成品のみに負担させ完成品原価を求めよ。なお、期末仕掛品の評価方法は平均法によること。

(解説)

この場合の計算式を示すと次のようになる。

※完成品量 $= 100+1,000-150-20 = 930\text{kg}$

$$x = (¥50,000+¥600,000) \times \frac{150}{930+150+20} = ¥88,636$$

$$y = (¥100,000+¥1,300,000) \times \frac{150 \times 0.4}{930+150 \times 0.4+20 \times 0.7} = ¥83,665$$

完成品原価 $(X+Y) = (¥650,000+¥1,400,000)-(¥88,636+¥83,665)$
$= ¥1,877,699$

第2節　工程別総合原価計算

1　工程別総合原価計算とその種類

　工程別総合原価計算は，製品を2以上の連続する工程において生産する形態に適用される原価計算で，1期間における製造費用を工程別に集計して，各工程の総合原価を計算する方法である。

　工程別総合原価計算は，工程に集計される原価要素の範囲によって，①全部原価要素工程別総合原価計算と，②加工費工程別総合原価計算とに分類される。

　①全部原価要素工程別総合原価計算は，第1工程を終えた第1工程完成品を第2工程に振替え，前工程費または主要な原材料費とするとともに，さらに原材料，労働または経費を投入して第2工程完成品を作る。第3工程では，第2工程完成品を原料とするほか，新たに原材料，労働または経費を投入して第3工程完成品を作る。

　このように各工程ごとに，全部の原価要素を集計する工程別計算を行う方法を，全部原価要素工程別総合原価計算という。単に，工程別総合原価計算というときには，この方法を指している。

　②加工費工程別総合原価計算は，原料がすべて最初の工程の始点で投入され，その後の工程では，単にこれを加工するにすぎないという生産形態に適用される方法を，加工費工程別総合原価計算という。この場合には，各工程別に1期

間の加工費を集計し，それに原料費を加算することにより，完成品総合原価を計算する。すなわち，原料については工程別計算は行われず，加工費についてのみ工程別計算を行うことになる。

2　工程完成品原価の計算

　工程別総合原価計算における「工程完成品原価」の計算は，各工程ごとに原価を計算する。すなわち，全部の原価要素を特定の工程に単独に発生した工程個別費と，2工程以上に関連して発生した工程共通費とに区分する。工程個別費は，それぞれ発生した特定の工程に直接賦課し，工程共通費は適当な配賦基準によって関連した工程に配賦する。

　このようにして，各工程費（自工程費）が計算されたならば，これに期首仕掛品原価を加算し，その合計から期末仕掛品原価を差引いて，各工程の完成品原価を算定する。この工程別原価の計算方法で，**前工程完成品原価を次工程に振替えるか否かによって，①累加法**と，**②非累加法**，との2つの方法がある。

　①「累加法」は，各工程の完成品原価を順次，次工程に振替えていく方法である。すなわち，第1工程では，当期に発生した自工程費に期首仕掛品原価を加え，この合計から期末仕掛品原価を差引いて第1工程完成品原価を算定する。第2工程では，この第1工程から振替えられた第1工程完成品原価が前工程費となり，これに第2工程自工程費を累加し，これと期首仕掛品原価の合計から，期末仕掛品原価を差引いて，次工程振替費を算定する。

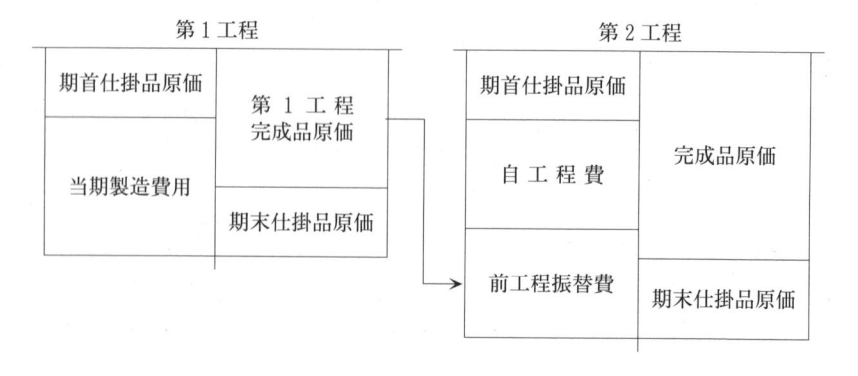

第1工程			第2工程	
期首仕掛品原価	第 1 工 程 完成品原価		期首仕掛品原価	完成品原価
当期製造費用			自 工 程 費	
	期末仕掛品原価		前工程振替費	期末仕掛品原価

このようにして，各工程の完成品原価は，順次次工程に振替えられて，最終工程の完成品原価が算定される。この最終工程の完成品原価が製造原価となる。

累加法における第1工程の期末仕掛品原価の計算は，単純総合原価計算の場合と同一である。しかし第2工程以下の期末仕掛品原価の計算は，新たに前工程費の計算が必要である。

[例 題] 次の資料から，平均法による「第1工程完成品原価」を計算しなさい。

(資料)

生産データ	第1工程	第2工程
期首仕掛品	150g (1/2)	100g (3/5)
当期当入量	1,200	1,100
合　　計	1,350	1,200
期末仕掛品	250g (1/2)	100g (1/5)
工程完成品	1,100	1,100

原価データ	第1工程	第2工程
第1工程期首仕掛品	60,000	—
第2工程期首仕掛品	45,000	60,000
合　　計	105,000	60,000
当月製造費用	560,000	790,000
合　　計	665,000	850,000

(注) ① 製造費用は作業進捗度に応じて投入，消費される。
② 計算上の端数は，円未満まで計算して四捨五入する。

(解説)
第1工程期末仕掛品原価の計算

$$（期首仕掛品 ¥60,000 + 当月製造費用 ¥560,000）\times \frac{250 \times \frac{1}{2}}{1,100 + 250 \times \frac{1}{2}}$$

$$= ¥620,000 \times \frac{125}{1,225} = ¥63,265$$

第1工程完成品原価の計算

（期首仕掛品 ¥60,000 + 当月製造費用 ¥560,000) － 期末仕掛品 ¥63,265

$= ¥556,735$

なお，第2工程の前工程期末仕掛品は ¥50,145，自工程期末仕掛品は ¥15,179である。

②「非累加法」は，各工程の完成品原価を前工程費または主要原料費として次工程に振替える累加計算を行わないで，各工程費のうち，最終製品原価を構

成する分を各工程ごとに直接に計算し，これらを合計することによって，最終製品総合原価とする方法である。

　非累加法は，各工程が前工程の影響を受けないという利点をもっている。しかし，期首仕掛品，期末仕掛品がある場合には非常に複雑な手数を必要とするので，実務的にはあまり行われていない。

第3節　加工費工程別総合原価計算

1　加工費工程別総合原価計算

　加工費工程別総合原価計算では，原料がすべて最初の工程の始点で投入され，その後の工程では，単にこれを加工するにすぎない場合には，各工程別に1期間の加工費を集計し，それに原料費を加算することにより，完成品総合原価を計算する。

2　原価の計算方法

　加工費法では，主要原材料については工程別計算を行わないから，一連の工程を単一工程とみなして，原材料費の計算をする。すなわち，各工程にある期首仕掛品原価，当期製造費用のうち主要原材料を加算し，この合計から期末仕掛品原価の主要原材料を差引いて，製品の主要原材料費とする。

　この計算は，単純総合原価計算の算式によって行う。一方，加工費については，工程別計算を行うが，その方法は工程別総合原価計算に準じて行う。したがって加工費法においても，工程別総合原価計算と同様に，前工程費を次工程に振えるか否かによって，累加法と非累加法とがある。

　［例　題］　次の資料から，累加法により完成品原価を計算し，「加工費工程別原価計算表」を作成しなさい。なお，月初仕掛品材料費￥100,000，月末仕掛品材料費￥100,000 とする。

第6章 製品別原価計算(1) 総合原価計算　73

(資料)

原価データ	第1工程	第2工程
（当月製造費用）		
工　程　加　工　費	¥640,000	¥680,000
補　助　部　門　費	140,000	180,000
月初仕掛品加工費	78,000	62,000
月末仕掛品加工費	60,000	44,000
完　成　品　数　量	2,000 kg	2,000 kg
製品単位当たり材料費		@¥840

(解説)
(1) 各工程加工費の計算
　　第1工程：月初仕掛品¥78,000＋工程加工費¥640,000＋補助部門費¥140,000
　　　　　　－月末仕掛品¥60,000＝①第1工程完成品原価¥798,000
　　　　　　　　（完成品単価@¥399）
　　第2工程：月初仕掛品¥62,000＋工程加工費¥680,000 ＋補助部門費¥180,000
　　　　　　＋①前工程費¥798,000－月末仕掛品¥44,000
　　　　　＝第1工程完成品原価¥1,676,000（完成品単価@¥838）
(2) 材料費の計算
　　材料費＝(@¥840×2,000kg)＋¥88,000－¥100,000＝②¥1,668,000
(3) 完成品総合原価の計算
　　月初仕掛品加工費¥78,000＋¥62,000＋月初仕掛品材料費¥100,000 ＝③¥240,000
　　月末仕掛品加工費¥60,000＋¥44,000＋月末仕掛品材料費¥88,000 ＝④¥192,000
　　工　程　加　工　費 ＝ ¥640,000＋¥680,000 ＝ ⑤¥1,320,000
　　補　助　部　門　費 ＝ ¥140,000＋¥180,000 ＝ ⑥¥　320,000
　　完成品総合原価 ＝ ③¥240,000＋②¥1,668,000＋⑤¥1,320,000＋⑥¥320,000
　　　　　　　　　　－④¥192,000 ＝ ⑦¥3,356,000
　　完成品単位原価 ＝ ⑦¥3,356,000÷2,000kg ＝ ¥1,678
(4) 以上の計算により，加工費工程別原価計算表を作成すれば，次のようになる。

加工費工程別原価計算表

摘　　要	数　量	直接材料費	加 工 費	合　　計
期首仕掛品	78,000	62,000	100,000	240,000
当期製造費用				
材　料　費	—	—	1,668,000	1,668,000
工程別加工費	640,000	680,000	—	1,320,000
補助部門費	140,000	180,000	—	320,000
前工程費	—	798,000	—	—
計	858,000	1,720,000	1,768,000	3,548,000
期末仕掛品	60,000	44,000	88,000	192,000
完成品原価	798,000	1,676,000	1,680,000	3,356,000
完成品数量	2,000kg	2,000kg	2,000kg	2,000kg
完成品単価	399	838	540	1,678

第4節　等級別総合原価計算

1　等級別総合原価計算

等級別総合原価計算は，同一工程において同種製品を連続生産するが，その製品を形状，大きさ，品位などによって等級に区別できる場合に適用する。

等級別総合原価計算では，各等級製品について適当な**等価係数**を定め，1期間における完成品の総合原価または1期間の製造費用を，等価係数に基づき各等級製品に按分してその製品原価を計算する。

2　等価係数の算定

等価係数の算定は，次のいずれかの方法による。

(1) 各等級製品の重量，長さ，面積，純分度，熱量，硬度など，原価の発生と関連ある製品の諸性質に基づいて算定する。

(2) 1期間の製造費用を構成する各原価要素につき，またはその性質に基づいて分類された数個の原価要素群につき，各等級製品の標準材料消費量，標準

作業時間など，各原価要素または原価要素群の発生と関連ある物量的数値などに基づき算定する。

以上のいずれかの基準によって等価係数が算定されるが，いずれの基準によっても算定することが困難な場合には，各等級製品の正常市価を基準として算定することも便法として認められている。等価係数の適否は，等級別総合原価計算の正否を決定するから，その算定には十分な注意が必要である。

3 原価の計算方法

総合原価計算における「等級別総合原価計算」の計算方法は，各等級別製品について等価係数を定め，各等級別製品の製造数量に等価係数を掛けて積数を求め，それを等価比率とする。この等価比率によって，原価計算期間の製品総合原価を各等級別製品に按分する。

各等級別製品に製品総合原価を按分する基本手続は，次のとおりである。

(1) ひとつの方法は，製品総合原価を一括的に各等級製品に按分して，その製品原価を計算する方法である。したがって，期首および期末の仕掛品は全製品一本に計算される。

(2) 他の方法は，当期製造費用を構成する原価要素を，それぞれ適当な等価係数に基づいて，各等級製品に按分して当期製造費用を各等級製品別に計算する。次いで各等級製品別に，当期製造費用および期首仕掛品原価を，当期完成品と期末仕掛品に分割することにより，各等級製品の当期完成品総合原価を計算する。

　この方法では，(1) の方法と異なり，期首および期末仕掛品原価ともに，各等級品別に計算される。

(3) 上記 (1) と (2) の折衷的方法として，原価要素別に定めた等価係数を，(2) のように各原価要素別に個別的に適用しないで，各原価要素の重要性を加味して総括し，この総括的等価係数に基づいて，当期完成品総合原価を一括的に各等級製品に按分して，その製品原価を計算する。

　この方法は，形式は (1) の計算形式をとり，等価係数の計算基礎は (2) の

手続きによるものと理解される。

[例　題]　次の資料から，「等級別総合原価計算」の方法により，製品の単位原価を計算しなさい。

（資料）　甲工場は，A・B・Cの各製品を，それぞれ 400個，500個，600個製造し，総製造費用は￥775,500 を要した。等価係数は，それぞれ5・3・2と決定している。

（解説）

等級別総合原価計算による単位原価は，次のように計算される。

(1) まず，製造数量に等価係数を掛けて積数（等価比率）を求める。

　　A製品：400個× 5 ＝2,000
　　B製品：500個× 3 ＝1,500
　　C製品：600個× 2 ＝1,200

(2) 次いで，この等価比率によって総製造費用を各等級別製品に按分する。

$$A製品：¥775,500 \times \frac{2,000}{4,700} = ¥330,000$$

$$B製品：¥775,500 \times \frac{1,500}{4,700} = ¥247,500$$

$$C製品：¥775,500 \times \frac{1,200}{4,700} = ¥198,000$$

(3) この等級別製品原価を，製造数量で割って単位原価を計算する。

　　A製品：￥330,000÷400個＝￥825
　　B製品：￥247,500÷500個＝￥495
　　C製品：￥198,000÷600個＝￥330

第5節　組別総合原価計算

1　組別総合原価計算

組別総合原価計算は，異種製品を組別に連続生産する生産形態に適用され，その計算方法は，個別原価計算に準じて行われる。すなわち，まず1期間の製造費用を組別に，組直接費と組間接費，または原料費と加工費とに分け，組直

接費または原料費は各組の製品に賦課し，組間接費または加工費は，適当な配賦基準により各組の製品に配賦する。

そして，1期間における組別の製造費用と期首仕掛品原価とを，当期における組別の完成品とその期末仕掛品とに分割することにより，当期における組別の完成品総合原価を計算する。

組別総合原価計算では，組別製品の原価を工程別に計算するか否かにより，**単純組別総合原価計算**と，**組別工程別総合原価計算**とに分類される。また組別工程別総合原価計算は，どの範囲の原価要素について工程別計算を行うかによって，間接費組別工程別総合原価計算，加工費組別工程別総合原価計算，全原価要素組別工程別総合原価計算に分類される。

2　原価の計算方法

組別総合原価計算における完成品の「組別製品単位原価」を計算するための計算式は，次のとおりである。

> 組別完成品総合原価 ＝（組別期首仕掛品原価＋当期組直接費
> 　　　　　　　　＋当期組間接費配賦額）－期末仕掛品原価

> 組別製品単位原価 ＝ 組別完成品総合原価÷組別製品完成品数量

［例　題］次の資料から，「組別総合原価計算」の方法により，製品の単位原価を計算しなさい。

（資料）

摘　　要	A組製品	B組製品	合　　計
期首仕掛品	¥ 7,500	¥ 11,800	¥ 19,300
組 直 接 費			
材 料 費	80,000	160,000	240,000
労 務 費	75,000	120,000	195,000
組 間 接 費			300,000
完成品数量	500kg	600kg	

(1) 組間接費￥300,000 は，材料費を基準として配賦するものとする。
　(2) 期末仕掛品数量：A組製品30kg（進捗度60％）
　　　　　　　　　　　B組製品40kg（進捗度50％）
　(3) 材料費・労務費とも，製造工程の進捗度に応じて消費するものとする。
　(4) 期末仕掛品の評価は平均法を適用し，その際に生じた計算上の端数は，円位未満は切り捨てること。

（解説）
(1) まず，組間接費を材料費を基準として，A組製品とB組製品とに配賦する。

$$A組製品への配賦額 = 組間接費￥300,000 \times \frac{80,000}{80,000+160,000} = ①￥100,000$$

　　B組製品への配賦額＝組間接費￥300,000－①￥100,000＝②￥200,000

(2) 組別製造費用＋期首仕掛品原価の計算
　　A組製品：￥7,500＋￥80,000＋￥75,000＋①￥100,000＝③￥262,500
　　B組製品：￥11,800＋￥160,000＋￥120,000＋②￥200,000＝④￥491,800

(3) 期末仕掛品原価の計算

$$A組製品：③￥262,500 \times \frac{30 \times 0.6}{500+30 \times 0.6} = ⑤￥9,121$$

$$B組製品：④￥491,800 \times \frac{40 \times 0.5}{600+40 \times 0.5} = ⑥￥15,864$$

(4) 組別完成品原価の計算
　　A組製品：③￥262,500－⑤￥9,121＝⑦￥253,379
　　B組製品：④￥491,800－⑥￥15,864＝⑧￥475,936

(5) 組別完成品単位原価の計算
　　A組製品：⑦￥253,379÷500kg＝＠￥506
　　B組製品：⑧￥475,936÷600kg＝＠￥793

第6節　副産物・作業くずの処理

1　副産物の処理

　副産物とは，主産物の製造過程から必然に派生する物品をいう。総合原価計算において副産物が生ずる場合には，その価額を算定して主産物の総合原価か

ら控除しなければならない。副産物の価額は，次のような方法によって算定した額とする。

(1) 副産物で，そのまま外部に売却できるものは，見積売却価額から，(a)販売費及び一般管理費，または，(b)販売費，一般管理費および通常の利益の見積額を控除した額
(2) 副産物で，加工のうえ売却できるものは，加工製品の見積売却価額から，(a)加工費，販売費及び一般管理費，または，(b)加工費，販売費，一般管理費および通常の利益の見積額を控除した額
(3) 副産物で，そのまま自家消費されるものは，これによって節約される物品の見積購入価額
(4) 副産物で，加工のうえ自家消費されるものは，これによって節約される物品の見積購入価額から加工費の見積額を控除した額

軽微な副産物は，これらの手続きによらないで，売却して得た収入を収益とすることができる。また，副産物を発生時に評価計上しない場合には，売却時に雑益として処理する。なお，仕損品などの処理および評価は，副産物に準ずる。

[例　題] 次の資料から，副産物の価額と，主製品の単価を計算しなさい。
(資料)　期首仕掛品：¥76,000　　当期製造費用：¥576,000
　　　　期末仕掛品：¥98,000
　　　（副産物）　見積売却価額：¥65,000
　　　　　　　　　見積加工費販売費：¥ 5,000
　　　　　　　　　見積利益額：¥ 6,000
　　　（数　量）　主産物数量：100kg
　　　　　　　　　副産物数量：　40kg

(解説)
副産物の処理手続と主製品の単価の計算は，次のとおりである。
(1) 完成品総合原価の計算：
　　完成品総合原価＝(¥76,000＋¥576,000)－¥98,000＝¥554,000
(2) 副産物の価額の計算：
　　副産物の価額＝¥65,000－¥5,000－¥6,000＝¥54,000

(3) 主製品の単位原価の計算：

主製品の単位原価＝(¥554,000－¥54,000)÷100kg＝@¥5,000

2　作業くずの処理

作業くずは，主産物の製造過程から派生する点では，副産物と類似している。しかし，副産物が主産物である原材料とは異質のものであるのに対して，原材料から生ずる小片，残りくずが作業くずであり，いわば原材料と同質のものである。作業くずの評価と処理は，副産物に準じて行われる。

第7節　連産品の計算

1　連産品の処理

連産品とは，同一工程において同一原材料から生産される異種の製品であって，相互に主副を明確に区別できないものをいう。たとえば，石油精製工業におけるガソリン・灯油・重油・潤滑油・パラフィン・コールタールなど，またコークス製造業におけるコークス・タール・硫安・ベンゾールなどが，典型的な連産品である。

連産品は，同一工程，同一原材料から2種以上の製品が生産される点においては，等級別製品あるいは副産物に類似しているが，次の諸点において相違する。

(1) 連産品と等級別製品の相違

① 連産品は同一工場から一定の数量的関係によって派生するのに対して，等級別製品は経営者の意思によってそれぞれの生産量を調節できる。

② 連産品は各製品について，分離点までの原価要素を区別して把握することが不可能であるが，等級別製品はそうしたことがない。

連産品と副産物とでは各製品の相対的価値はほぼ同一であり，主副の区別が明確にできないが，副産物は主副の区別は必然である。

2 連産品の計算方法

「連産品」の原価の計算方法は，次のとおりである。

(1) 連産品の計算は，等級別原価計算に準じて行えばよい。すなわち，製品総合原価を適切な等価係数に基づいて各製品に按分する方法が採用されるが，等級別製品と異なり連産品は相互に異種製品なので，等価係数に数量基準を採用することは少ない。

(2) 連産品の価額は，連産品の正常市価などを基準として定めた等価係数に基づき，一期間の総合原価を連産品に按分して計算する。この場合，連産品で加工のうえ売却できるものは，加工製品の見積売却価額から加工費の見積額を控除した額を正常市価とみなし，等価係数算定の基礎とする。

(3) ただし必要ある場合には，連産品の一種または数種の価額を副産物に準じて計算し，これを一期間の総合原価から控除して額を，他の連産品の価額とすることができる。

[例 題] 次の資料から，連産品の単位原価を計算しなさい。

(資料)

製品名	数　量	市　価	製品総合原価
A	5,000kg	@¥2,500	
B	2,000	@¥ 500	¥2,652,000
C	4,000	@¥1,500	

(解説)

連産品の「製品単位原価」の計算は，次のとおりである。

(1) 連産品の計算のための等価係数として「市価」をとれば，製品A：B：Cの等価係数は5：1：3となる。これに数量を乗じて，次のように積数を計算する。

　　A製品：5,000kg× 5 ＝25,000
　　B製品：2,000kg× 1 ＝ 2,000
　　C製品：4,000kg× 3 ＝12,000

(2) この積数で製品総合原価を按分すれば，各製品の総合原価が次のように計算される。

　　A製品：$¥2,652,000 \times \dfrac{25,000}{25,000+2,000+12,000} = ¥1,700,000$

B製品：¥2,652,000 × $\frac{2,000}{25,000+2,000+12,000}$ ＝ ¥ 136,000

C製品：¥2,652,000 × $\frac{12,000}{25,000+2,000+12,000}$ ＝ ¥ 816,000

(3) よって製品単位原価は，次のように計算される。

A製品：¥ 1,700,000 ÷ 5,000 ＝ @¥340
B製品：¥　　136,000 ÷ 2,000 ＝ @¥ 68
C製品：¥　　816,000 ÷ 4,000 ＝ @¥204

[問　題]
(1) 単純総合原価計算について説明しなさい。
(2) 工程別総合原価計算について説明しなさい。
(3) 加工費工程別総合原価計算について説明しなさい。
(4) 等級別総合原価計算について説明しなさい。
(5) 組別総合原価計算について説明しなさい。
(6) 連産品の原価計算について説明しなさい。
(7) 次の原価データに基づき期末仕掛品原価および完成品原価を計算しなさい。
（ただし，期末仕掛品原価の評価方法は先入先出法によること）

摘　　要		物　量（kg）	原　価（円）
期首仕掛品	数　　量	100（加工進捗度・60%）	
	直接材料費		50,000
	加　工　費		100,000
当　　期	投 入 材 料	1,000	
	直接材料費		600,000
	加　工　費		1,300,000
期末仕掛品	数　　量	150（加工進捗度・40%）	
	直接材料費		(　　x　円)
	加　工　費		(　　y　円)
完　成　品	数　　量	(　　?　　kg)	
	直接材料費		(　　X　円)
	加　工　費		(　　Y　円)

第7章　製品別原価計算(2)　個別原価計算

第1節　個別原価計算の方法

1　個別原価計算の特徴

個別原価計算は，種類を異にする製品を個別的に生産する生産形態に適用する。

(1) 個別原価計算においては，特定の**製造指図書**について個別的に直接費および間接費を集計し，製品原価は，その指図書に含まれる製品の生産完了時に算定する。

(2) 経営の目的とする製品の生産にさいしてのみでなく，自家用の建物，機械，工具などの製作または修繕，試験研究，試作，仕損品の補修，仕損による代品の製作などにさいしても，これを特定の指図書を発行して行う場合は，個別原価計算の方法によってその原価を算定する。

(3) 個別原価計算は，種類・規格などを異にする製品を，個別的に生産することが通常であるが，それは必ずしも個々の単位当たり製品が異なっているとは限らず，特定のロットごとまたは製品組単位ごとに，個別的に原価が集計される必要がある場合にも，個別原価計算が適用される。

(4) 個別原価計算の特質は，**給付（製品）単位**に関連させて個別原価を計算することであり，総合原価計算のように期間的に限定されない点である。

(5) 個別原価計算には，費目別計算→製品別計算の2段階からなるものと，費目別計算　→部門別計算→製品別計算の3段階からなるものとがある。前者を単純個別原価計算，後者を部門別原価計算という。

2 直接費の賦課

個別原価計算における「直接費」は，発生のつど，または定期に整理分類して，これを指図書に賦課する。

(1) 直接材料費は，各指図書に関する実際消費量に，消費価格を乗じて計算する。

$$直接材料費＝実際消費量×消費価格$$

自家生産材料の消費価格は，実際原価または予定価格などで計算する。

(2) 直接労務費は，各指図書に関する実際の作業時間または作業量に，賃率を乗じて計算する。

$$直接労務費＝実際作業時間または作業量×賃率$$

(3) 直接経費は，原則として，各指図書に関する実際発生額をもって計算する。

$$直接経費＝実際発生額$$

3 製造間接費の配賦

個別原価計算における間接費は，次のように処理する。
(1) 間接費は，原則として，**部門間接費**として各指図書に配賦する。
(2) 間接費は，原則として，**予定配賦率**をもって各指図書に配賦する。

第2節 製造間接費の配賦

1 製造間接費の予定配賦

製造間接費の「予定配賦」については，次のとおりである。
(1) 製造間接費は，原則として，予定配賦率をもって各指図書に配賦する。
　① 製造間接費の実際配賦率による配賦手続は，次のような欠点をもっている。

1）実際額は原価計算期末までわからないから，間接費の配賦計算が著しく遅れる。
　　　2）季節的に操業度が変動する場合には，製品の間接費負担額が不公平となり，製品原価が著しく変動する。
　② 原価計算は，原価管理や価格政策に必要な原価を提供することであるから，製造間接費の実際配賦率による配賦手続では，原価計算目的に役立たない。そこで，こうした欠陥を避けるために，間接費の製品への配賦を予定配賦率によって行う方法が原則として採用されることになる。
　③ 予定配賦率は，一定期間における各部門の間接費予定額，または各部門の固定間接費予定額および変動間接費予定額を，それぞれ同期間の予定配賦基準で除して算定する。
(2) 製造間接費の予定額は，次のように計算する。
　　一定期間における各部門の間接費予定額，または各部門の固定間接費予定額および変動間接費予定額の計算は，次のとおりである。
　① 間接費を過去の実績に基づいて，固定費と変動費とのいずれかに分類する。準固定費（準変動費）は，実際値の変化の調査に基づき，固定費または変動費とみなして，いずれかに帰属させるか，または固定費部分と変動費部分を測定し，固定費と変動費とに分解する。
　② 将来における物価の変動予想を考慮して修正を加える。
　③ 固定費は，設備計画など固定費に影響する計画の変更などを考慮し，変動費は，製造条件の変動など変動費に影響する条件の変化を考慮して修正する。
　④ 変動費は，予定操業度に応ずるように算定する。
(3) 製造間接費の予定配賦のための「予定操業度」は，次のように計算される。
　① 予定配賦率の計算の基礎となる予定操業度は，原則として1年または1会計期間において予期される操業度であり，それは技術的に達成可能な最大操業度ではなく，この期間における生産ならびに販売事情を考慮

して定めた操業度である。
　② 操業度は，原則として直接作業時間，機械運転時間，生産数量など，間接費の発生と関連ある適当な物量基準によって表示する。
　③ 操業度は，原則として，これを各部門に区分して測定表示する。
(4) 指図書別配賦額の計算
　部門間接費の各指図書への配賦額は，各製造部門，またはこれを細分した各小工程または各作業単位別に，次のいずれかによって計算する。
　① 間接費予定配賦率に，各指図書に関する実際の配賦基準を乗じて計算する。
　② 固定間接費予定配賦率と変動間接費予定配賦率に，それぞれ各指図書に関する実際の配賦基準を乗じて計算する。

2　製造間接費の配賦基準

個別原価計算における「間接費」の配賦基準は，次のとおりである。
(1) 間接費の配賦を公正に行うためには，工場の実情を考慮して適当な配賦基準を定めなければならない。配賦基準の選択にあたっては，次の点に留意しなければならない。
　① 配賦基準が製造間接費の発生と密接な関係にあること。
　② 配賦基準が各製品に共通的に適用できること。
　③ 配賦基準の計算が簡易で便利なこと。
(2) 配賦基準には，次のような方法がある。
　① **時間的基準法** … a. 直接作業時間法，b. 機械運転時間法
　② **価値的基準法** … a. 直接材料費法，b. 直接労務費法，c. 素価法（直接原価法）
　③ **数量的基準法** … a. 生産個数法，b. 重量法，c. 面積法，d. 容積法
(3) 数量的基準法は，それぞれ個数，重量，面積，容積などを基準として製造間接費の配賦を行う方法であるが，その部門の製品が類似性をもつ場合には適用されるが，一般的には各製品によりその消費材料，機械運転時間，

労働時間などが相違するので，適用は困難である。
以下，主な配賦基準について説明する。

3　直接作業時間法

製造間接費の配賦基準としての「直接作業時間法」は，次のとおりである。

(1) 直接作業時間法は，一定期間の製造間接費を同期間の直接作業時間で除して配賦率を算出し，これを各指図書の直接作業時間数に乗じた金額を，その指図書の製造間接費配賦額とする。

> 配賦率＝一定期間の製造間接費÷同期間の直接作業時間

> 製造間接費配賦額＝各指図書の直接作業時間×配賦率

(2) この方法は，作業時間に応じて製造間接費が発生するという基準に立つものであるから，労働力を比較的多く必要とする加工を主とする工場においては，公正な配賦が行われる。しかし近代的工場のように製造作業が機械によって行われ，とくにオートメーション化されている場合には，この方法は不適当である。

[例　題]　下記の生産・原価データに基づき製造指図書 #001（完成品），#002（未完成品）の各原価を求めよ。なお，生産ラインは第1製造部と第2製造部から成っており，製品は期間内に開始され完成しているものとし，その製造間接費の配賦については，予定配賦率（作業時間）によるものとする。

	指図書 #001	指図書 #002
直 接 材 料 費	20,000 円	10,000 円
直 接 労 務 費	70,000 円	30,000 円
第1製造部直接作業時間	600 時間	400 時間
第2製造部直接作業時間	350 時間	150 時間

製造間接費は

	第1製造部	第2製造部
間接費予定配賦額	280,000 円	120,000 円
予 定 操 業 度	1,000 時間	500 時間

（解説）

この時の各製造部への間接費予定配賦率は次のようになる。

※第1製造部間接費予定配賦率＝¥280,000÷1,000時間＝280円／時間
※第2製造部間接費予定配賦率＝¥120,000÷　500時間＝240円／時間

この配賦率を用いて各製造部門における指図書 #001と #002の製造間接費の各々を計算すると次のようになる。

＜指図書 #001＞
　　第1製造部間接費予定配賦額 ＝ 600（時間）× 280（円／時間）＝¥168,000
　　第2製造部間接費予定配賦額 ＝ 350（時間）× 240（円／時間）＝ ¥84,000
＜指図書 #002＞
　　第1製造部間接費予定配賦額 ＝ 400（時間）× 280（円／時間）＝¥112,000
　　第2製造部間接費予定配賦額 ＝ 150（時間）× 240（円／時間）＝ ¥36,000

したがって，指図書 #001と #002の完成品原価は，次のようになる。
　　完成品原価（#001）＝ 20,000＋70,000＋168,000＋84,000 ＝¥342,000
　　未完成品原価（#002）＝ 10,000＋30,000＋112,000＋36,000 ＝¥188,000

4　機械運転時間法

製造間接費の配賦基準としての「機械運転時間法」は，次のとおりである。

(1)　機械運転時間法は，直接作業時間の代わりに，機械運転時間を使用する配賦基準である。すなわち，一定期間の製造間接費を，同期間の機械運転時間で除して配賦率を算出し，これを各指図書の機械運転時間に乗じた金額をもって，製造間接費配賦基準とする方法である。

> 配賦率＝一定期間の製造間接費÷同期間の機械運転時間
> 製造間接費配賦額＝各指図書の機械運転時間×配賦率

(2)　この方法は，1製造部門の機械が全部同一であれば合理的である。しかし機械の種類が大小違ったり金額が異なったりする場合に，共通の画一的配賦率では正確な配賦計算を行うことができない。こうした場合には，異種の機械ごとに異なる配賦率を算定し，これを適用して配賦計算を行う複

数機械配賦法が採用される。
(3) 複数機械配賦法においては，製造間接費をこれらの機械に個別的に発生するものと，共通的に発生するものとに分け，前者は直接にその機械に賦課し，後者はこれらの機械が受けた用役の程度に応じて配賦する。
(4) 製造作業が機械で行われている近代的工場においては，間接費の大部分は直接機械に関係するから，この方法は妥当である。しかし種々の機械を多く使用している場合には，間接費配賦額の計算が複雑となり必ずしもよい方法とはいえない。

5 直接材料費法

製造間接費の配賦基準としての「直接材料費法」は，次のとおりである。
(1) 直接材料費法は，製造のために消費された直接材料費を基準として配賦する方法である。すなわち，一定期間における製造間接費総額を，同期間における直接材料費総額で除して配賦率を求める。この配賦率に，各指図書の直接材料費を乗じて間接費配賦額を計算する。

> 配賦率＝一定期間の製造間接費総額÷同期間の直接材料費総額
> 製造間接費配賦額＝各指図書の直接材料費×配賦率

(2) この方法は，製造間接費に占める直接材料費の割合が大きい場合には合理的であるが，実際には製造間接費の発生額が材料価格と因果関係がないことを考慮すると，必ずしも合理的とはいえない。

6 直接労務費法

製造間接費の配賦基準としての「直接労務費法」は，次のとおりである。
(1) 直接労務費法は，直接労務費を基準として配賦する方法である。すなわち，一定期間における製造間接費総額を，同期間における直接労務費総額で除して配賦率を求める。この配賦率に，各指図書の直接労務費を乗じて間接費配賦額を計算する。

> 配賦率＝一定期間の製造間接費総額÷同期間の直接労務費総額

> 製造間接費配賦額＝各指図書の直接労務費×配賦率

(2) この方法は，製造間接費配賦額が直接労務費に比例することになるので，賃金の高い労務者によって作られた製品の間接費配賦額は大きくなる。実際上は賃金の多少と間接費配賦額との間には，こうした正比例的関係があるとは考えられない。

(3) しかし生産が手作業に依存し，製造原価に占める直接労務費の割合が大きく，かつ労務者の賃率が平均的である場合には，この方法は計算が簡便であり，比較的満足な配賦額が得られる。

7 素価法

製造間接費の配賦基準としての「素価法」は，次のとおりである。

(1) 素価法（直接原価法）は，素価（直接材料費・直接労務費・直接経費の合計）を基準として配賦する方法である。すなわち，一定期間における製造間接費総額を，同期間における素価総額で除して配賦率を求める。この配賦率に，各指図書の直接労務費を乗じて間接費配賦額を計算する。

> 配賦率＝一定期間の製造間接費総額÷同期間の素価総額

> 製造間接費配賦額＝各指図書の直接労務費×配賦率

(2) この方法は，理論的根拠が薄弱であるにもかかわらず，小規模工場で適用されることが多い。それは，小規模工場の経営者は素価（直接原価）を製品の最低原価と考え，これに若干の上乗せをして製品原価とするからである。

8 加工費の配賦

個別原価計算において，労働が機械作業と密接に結合して総合的な作業となり，そのため製品に賦課される直接労務費と製造間接費とを分離することが困

難な場合などには，加工費について部門別計算を行い，部門加工費を各指図書に配賦することができる。

部門加工費の各指図書への配賦は，原則として，予定配賦率による。予定加工費配賦率の計算は，予定間接費配賦率の計算に準ずる。

9 製造間接費の配賦差額

製造間接費の「配賦差額の算定と処理」は，製造間接費の配賦が予定配賦率を基準として行われる場合に，製造間接費の予定配賦額と実際発生額との間には差異が生ずる。この配賦差額は，会計年度末には処理しなければならない。

第3節 仕損費の計算と処理

1 仕損費の計算方法

その製造過程において，材料の不良，機械設備の欠陥，技術の拙劣，工具の不注意・過失などにより仕損じ，品質検査に合格しない製品または仕掛品を一般に**仕損品**といい，そのために発生した費用を仕損費という。

そこで個別原価計算では，①仕損が補修によって回復でき，補修のために補修指図書を発行する場合には，補修指図書に集計された製造原価を仕損費とする。また，②仕損が補修によって回復できず，代品を製作するために新たに製造指図書を発行する場合において，(a)旧製造指図書の全部が仕損となったときは，旧製造指図書に集計された製造原価を仕損費とする，(b)旧製造指図書の一部が仕損となったときは，新製造指図書に集計された製造原価を仕損費とする。また③仕損の補修または代品の製作のために別個の指図書を発行しない場合には，仕損の補修などに要する製造原価を見積って仕損費とする。

2 仕損費の処理

仕損費の「処理」は，

(1) 仕損費は，それが正常な状態で発生したものは製造原価として処理する

が，異常な状態を原因として発生したものは非原価項目として処理する。

(2) 『原価計算基準』では，正常な状態を前提として，仕損費の処理を次のいずれかの方法によるとしている。①仕損費の実際発生額または見積額を指図書に賦課する。②仕損費を間接費とし，これを仕損の発生部門に賦課する。この場合，間接費の予定配賦率の計算において，その製造部門の予定間接費額中に，仕損費の予定額を算入する。

(3) 個別原価計算においては，仕損は仕損費勘定を設けて処理するが，総合原価計算においては，正常な仕損は原則として特別に仕損費勘定を設けないで，その期の完成品と期末仕掛品とに負担させる。

第4節　作業くずの評価と処理

1　作業くずの評価

作業くずとは，製造作業中に発生する使用材料の**残りくず**で，その材料と同質のものをいう。個別原価計算における「作業くず」の評価は，①そのまま売却されるものは，見積売却価額から売却に要する諸費用を控除した額を評価額とする。②作業くずを自家使用するときは，その使用によって節約される材料の見積購入価額を評価額とする。

2　作業くずの処理

作業くずの処理は，

(1) 作業くずの発生が指図書別に把握できる場合には，作業くずの評価額を，その指図書の直接材料費または製造原価から控除する。

(2) 作業くずの発生が指図書別に把握できない場合には，作業くずの評価額を，その発生部門の部門費から控除する。

[問 題]
(1) 個別原価計算の方法について述べなさい。
(2) 個別原価計算における直接費の処理について説明しなさい。
(3) 個別原価計算における製造間接費の処理について説明しなさい。
(4) 製造間接費の予定配賦について説明しなさい。
(5) 個別原価計算における加工費の配賦について説明しなさい。
(6) 個別原価計算における仕損費の処理について説明しなさい。
(7) 次の資料から配賦率を求め，各製品（No.1～3）の製造原価を示しなさい。
　（なお，製造間接費総額は200,000円であり，配賦基準は直接材料費法によること）

（単位：円）

製造指図書番号	No.1	No.2	No.3	合　計
直 接 材 料 費	100,000	150,000	250,000	500,000
直 接 労 務 費	60,000	100,000	150,000	310,000
直 接 経 費	10,000	20,000	30,000	60,000

第8章　販売費及び一般管理費の計算

第1節　販売費及び一般管理費

1　販売費及び一般管理費の性格

　製品の販売に関連して直接・間接に発生する費用を販売費といい，企業の一般管理活動に伴って発生する費用を一般管理費という。また，この両者をあわせて「営業費」という。

　ここに販売活動とは，注文獲得のための広告・宣伝，販売調査，販売促進の諸活動や，注文履行のための製品の保管，出荷，運送などの諸活動，および販売事務，売掛金の集金業務などをいう。また一般管理活動とは，製造・販売活動をはじめ企業の全般的活動を管理するための諸活動をいう。

　ところで販売費及び一般管理費は，財務会計上，「期間原価」として処理されるのが通例であり，製品原価を構成しない。したがって財務会計上は，製造原価に販売費及び一般管理費を賦課ないし配賦して総原価を計算する必要はない。

2　販売費及び一般管理費の分類基準

　(1)　**形態別分類**　…　販売費及び一般管理費の基本的分類は，「形態別分類」である。この分類基準によって販売費及び一般管理費の要素は，たとえば，給料，賃金，消耗品費，減価償却費，賃借料，保険料，電力料，租税公課，運賃，保管料，旅費交通費，通信費，広告料などに分類する。

　(2)　**機能別分類**　…　販売費及び一般管理費の「機能別分類」は，販売・一般管理活動をさらにいくつかの諸機能に再分類して，販売費及び一般管理費を機能別に分類する。たとえば，広告宣伝費，出荷運送費，倉庫費，掛売集金費，

販売調査費，販売事務費，企画費，技術研究費，経理費，重役室費などに分類する。

(3) **製品関連分類** … 販売費及び一般管理費の要素は，販売品種などの区別に関連して，これを直接費と間接費とに分類する。

① 販売直接費 … 特定の販売セグメントに直課される費用である。販売セグメント分析には，販売品種別，顧客種類別，販売地域別のほか，注文規模別，販売経路別などの分析がある。

② 販売間接費 … 販売費のうち，複数の製品，顧客，販売地域セグメントに共通して消費される費用である。

(4) **操業度関連分類** … 販売費及び一般管理費の要素は，操業度の変化などに関連して，これを変動費と固定費とに分類する。すなわちこの分類は，売上高や操業度の増減によって変動する変動費と，その増減によって変動しない固定費とに分類される。

(5) **管理可能性分類** … 販売費及び一般管理費の要素は，管理可能性に関連して，これを管理可能費と管理不能費とに分類する。すなわちこの分類は，原価の発生が一定の管理者層によって管理できる管理可能費と，その発生を管理できない管理不能費とに分類する。

3 販売費及び一般管理費計算の意味

販売費及び一般管理費は，原則として，形態別分類を基礎とし，これを直接費と間接費に大別し，さらに必要に応じて機能別分類を加味して分類し，一定期間の発生額を計算する。

販売費及び一般管理費の計算は，次の観点から重要である。

(1) 販売費及び一般管理費の形態別分類は，販売費及び一般管理費と財務会計との関連から重要である。

(2) 販売費及び一般管理費の機能別分類は，販売費及び一般管理費の発生を管理するためには，きわめて重要である。大規模企業では，各機能別に販売費及び一般管理費の計算が部門別に行われ，小規模企業では，販売費及び一般管

理費の部門別計算を行わないまでも，機能別分類は原価管理上重要である。

(3) 販売費及び一般管理費の製品関連分類は，経営管理者の利益責任，原価責任を明らかにするとともに，新しいセールス・ミックスの考慮や，価格政策立案の基礎資料の提供のために重要である。

(4) 販売費及び一般管理費の操業度分類は，企業の予算編成や利益計画のために重要である。

(5) 販売費及び一般管理費の管理可能性分類は，原価管理のために重要である。なお一般管理費は，共通的に発生し直接的に認識できないものであるから間接費である。

［問　題］
(1) 販売費及び一般管理費の性格について述べなさい。
(2) 販売費及び一般管理費要素の分類基準を説明しなさい。
(3) 販売費及び一般管理費の形態別分類について述べなさい。
(4) 販売費及び一般管理費の製品関連分類について述べなさい。

第Ⅲ部　原価計算と管理会計

第9章　直接原価計算

第1節　直接原価計算の有用性

1　管理会計のための直接原価計算

　直接原価計算（direct costing）は，発生した原価を操業度（営業量）との関連から，変動費と固定費とに分類し，変動費をもって**製造原価**として，固定費はそれが発生した期間の**期間費用**とする計算方法である。

　直接原価計算は，1920年代にアメリカで生まれ，発展してきた。当時，企業の原価計算では，次のような限界が明らかになってきた。

(1)　企業における固定費の増大に伴い，全部原価計算の矛盾が明らかにされ，経営管理上，重要な利益計画のために有用な情報を提供できなくなった。

(2)　技術革新や設備投資に伴い製造間接費が増大し，その配賦計算が複雑・困難となってきた。

(3)　期間利益は，生産量・販売量・棚卸量の増減によって影響を受けるので，販売努力の成果を市場別に評価することができない。

　そこで直接原価計算によって，原価を変動費（直接費）と，固定費（期間原価）とに区分し，変動費のみで製品原価を計算すると同時に，この変動費を売上高から差引いて**限界利益**を計算し，**限界利益率**（限界利益／売上高×100％）を明らかにすることができるようになった。直接原価計算は，とくに利益計画の設定や，予算の編成のために有用性が認められ，その最大の目的は，利益計画への役立ちにある。

2　直接原価計算と全部原価計算

　直接原価計算は，変動直接費と変動間接費との直接原価（変動原価）のみを

製品原価として集計するので，また「変動原価計算」とも「限界原価計算」ともいわれる。また直接原価計算は，伝統的な原価計算である「全部原価計算」すなわち全部の製造原価の費目を製品原価に集計する方法に対して，変動費のみで製品原価を算定するので「部分原価計算」でもある。

伝統的な全部原価計算（absorption costing）では，直接材料費，直接労務費，直接経費に，製造間接費を配布して配賦して製造原価を計算する方法である。しかし，直接原価計算で損益を計算すると，まず売上高から製造原価として変動費を差引いて**限界利益**（marginal income）または直接利益（direct income）を算出し，これから期間費用として固定費を差引いて純利益を算出することになる。これを式で示すと，次のようになる。

売 上 高 － 変動費 ＝ 限界利益
限界利益 － 固定費 ＝ 純 利 益

3　直接原価計算の有用性

直接原価計算は，次のような有用性をもっている。

(1) 利益計画における有用性

直接原価計算によれば，営業量から製造量が除かれ，販売量のみが含まれる簡明な原価・営業量・利益の関係が示されるので，これによって短期の利益計画における有用性が明らかになる。

利益計画とは，所期の利益目標を達成するために，将来の経営活動について計画することであって，全体的な期間利益計画と，その実施に貢献する個別的なプロジェクトの計画とを含む。前者は，年次損益予算の編成手続として実施され，後者は，販売促進策，得意先の注文に対する入札，製品種類，販売地域，得意先などの追加あるいは削減の問題として現れる。利益を左右する主な要因（販売数量，販売価格，品種組合せ，販売費および製造原価）は変動的であるから，これらの要因と利益との関係を知ることは，利益計画にとって不可欠の要件である。

直接原価計算は，こうした利益計画に対して，次のような基本的な数値を提

供することによって，有用な計算方法であると考えられている。
　　① 意思決定を行う特定の販売区分について，予想のまたは実現した収益
　　② この収益を獲得するのに要する直接原価（変動費）
　　③ 販売区分別の限界利益
　　④ 特定期間について発生する期間原価（固定費）
　　⑤ 特定期間の経営活動からの純利益

(2) 価格決定における有用性

　直接原価計算により限界利益（貢献利益）が算定されることによって，利益計画についてはもちろん，価格決定の分野においても有用な手段となる。

　原価は，価格決定の出発点であるが，販売価格と原価との間に一定の厳密な関係があるのではなく，製造原価，販売費，需要の伸縮，競争などが考慮されたのち価格が決定される。さらに，価格決定の基礎になる原価は，単一のものではなく，価格，営業量などの変動的な要因の組合わせから，さまざまなものが計算される。

　直接原価計算における直接原価は，製品の製造に伴って発生する原価であるから，直接原価が販売価格の下限である。しかも，この直接原価は，直接原価計算を採用している場合，製品別，注文別などの単位別に容易に測定できる。しかし期間原価の部分は，これらを区分別に明瞭に跡づけできないから，期間原価を販売価格に含めて回収しようとすれば，困難な配賦問題が生じる。

　そこで，期間原価を負担する能力に応じて，市場をいくつかに区分して，期間原価の回収を図ることが考えられる。この区分は，製品別，得意先別，販売地域別が一般的である。

　このように，さまざまな販売価格が，異なった期間原価の負担を前提として，異なった利益をもたらすので，経営者は，これらの組合わせの有利さを判定しなければならない。

　価格決定に対する直接原価計算の有用性は，次のような局面である。
　　① 個々の製品価格の決定
　　② 最有利な製品の決定

③ 利益増加を阻んでいる製品の発見
④ 販売製品の構成の改善
⑤ 営業拡大プランの検討
⑥ 販売価格引下げプランの検討
⑦ 価格決定担当者の原価認識の改善

(3) 原価管理における有用性

直接原価計算により限界利益（貢献利益）が算定されることによって，原価管理の分野においても有用な手段となる。

原価管理に役立てるために，直接原価に標準原価を用い，期間原価には予算額を用いる直接標準原価計算が実施される。この場合，製品ないし仕掛品の原価は変動的標準製造原価で計算されるから，売上高から売上製品原価を控除し，変動的製造原価の標準－実際差額を修正することによって，総限界利益が算定される。

この額から，さらに販売費及び一般管理費のうち標準変動費を控除し，原価差額を修正すれば，営業限界利益が算定される。つづいて，期間原価（製造固定費および販売固定費，一般管理固定費）を控除して，純利益が算定される。

この過程は，次の損益計算書に示される。

損益計算書

```
1   売上高                      × × ×
2   直接原価                    × × ×
    2.1  売上品原価（標準）      × × ×
    2.2  総限界利益（標準）      × × ×
    2.3  原価差額                × × ×
    2.4  総限界利益（実際）      × × ×
    2.5  販売費・一般管理費（標準） × × ×
    2.6  営業限界利益（標準）    × × ×
    2.7  原価差額                × × ×
    2.8  営業限界利益（実際）    × × ×
3   期間原価（実際）            × × ×
    3.1  製造固定費              × × ×
    3.2  販売固定費              × × ×
    3.3  一般管理固定費          × × ×
4   当期純利益                  × × ×
```

直接標準原価計算の実施によって，原価管理における効果は，次のとおりである。
① 企業の原価・売上高・利益関係の分析（いわゆるＣＶＰ分析）を明確に実施できるので，戦略的な価格政策や製品組合せ計画を可能にするとともに，その損益分岐点を引下げるための努力目標が与えられる。
② 各部門の変動費における原価差異は原価効率を示すので，そのまま原価管理上のデータになる。
③ 期間原価については，予算化するさいに細分化に注意していれば，実際発生額と比較することによって，各部門あるいは管理階層別の責任追求の根拠となる。

4 利益計画への役立ち

企業は長期安定的成長に必要な目標利益を達成するために利益計画をたて，これに基づいて経営活動を総合的に管理している。すなわち，そこでは伝統的な利益公式（事後的計算方法）によって利益が計画されるのではなく，事前的計算方法に基づき利益が計算される。

| 収益 － 費用（原価） ＝ 利益（事後的計算方法） |
| 収益 － 目標利益 ＝ 許容原価（事前的計算方法） |

したがって，まず目標利益を計画し，計画した収益から目標利益を差し引いたものを許容原価とし，これに基づいて収益と費用を計画するものである。このように利益計画が，売上高－目標利益＝**許容原価**という計算構造ならば，企業の経営活動量（たとえば売上高，生産高など）の変化に対して原価や利益がどのような影響を受けるのかをあらかじめ予測し，計画しなければならない。この原価・営業量・利益の関係をみるのに有益な計算技法として，**ＣＶＰ分析**（cost-volume-profit analysis）ないし**損益分岐分析**（break-even analysis）があげられ，そして，この予測方法に有効な情報を提供するものが，直接原価計算での原価データである。

それでは，直接原価計算がどのように利益計画に対して有効な情報を提供するのであろうか，設例を通じてみてみよう。

【設　例】　ある企業の損益計算書が，次（全部原価計算の場合と直接原価計算の場合）のようであったとする。

原価計算データ　　　　　　　　　　　　　　　　　　　　　　（単位：円）

〈全部原価計算のもとでの損益計算〉	〈直接原価計算のもとでの損益計算〉
売上高　（@500円×10,000個） 　　　　　　　　　　　　　5,000,000	売上高　（@500円×10,000個）　〈100%〉 　　　　　　　　　　　　　5,000,000
売上原価 　直接材料費　1,200,000 　直接労務費　　900,000 　製造間接費　　900,000 　　　　　　　　　　　3,000,000	変動費　　　　　　　　　　　　　〈50%〉 　直接材料費　1,200,000（@120） 　直接労務費　　900,000（@ 90） 　製造間接費　　400,000（@ 40） 　　　　　　　　　　　2,500,000
売上総利益　　　　　　2,000,000	限界利益（貢献差益）　2,500,000 〈50%〉
販売費・ 一般管理費　　　　　　1,500,000	固定費　　　　　　　　　　　　　〈40%〉 　製造間接費　　500,000 　販売費・ 　一般管理費　1,500,000 　　　　　　　　　　　2,000,000
利　　益　　　　　　　　500,000	利　　益　　　　　　　　500,000 〈10%〉

この場合，利益計画を立てるためには，目標利益を達成するのに必要な売上高が明らかにされなければならず，それは**損益分岐点**（break-even point）によって容易に示すことができる。しかしながら，全部原価計算のもとでの損益計算書のデータからは，直接的に損益分岐点を求めることができない。これに対し直接原価計算のもとでの損益計算書では，限界利益が示され，簡単に限界利益

率をもとめ，これによって次の式から迅速に損益分岐点や目標利益のために必要な売上高の情報を提供してくれる。

$$
\begin{aligned}
損益分岐点 &= \frac{固定費}{1 - 変動費 \div 売上高} \\
&= 固定費 \div (1 - 変動費率) \\
&= 固定費 \div 限界利益率
\end{aligned}
$$

目標利益達成に必要な売上高 ＝ （固定費＋目標利益）÷ 限界利益率

設例での直接原価計算のデータを代入してみると，次のようになる。

$$
\begin{aligned}
損益分岐点 &= \frac{200}{1 - 250 \div 500} \\
&= 200 \div (1 - 0.5) \\
&= 200 \div 0.5 = 400 \text{ 万円}
\end{aligned}
$$

目標利益（100万円）達成に必要な売上高 ＝ （200＋100）÷0.5 ＝ 600万円

また利益計画では，経営活動量の増減による原価や収益への影響を分析し，これを考慮しなければならない。しかしながら全部原価計算では，売上高，生産量そして棚卸量の増減によって影響されるがゆえに有益な情報を提供できない。それに対し直接原価計算では，**限界利益**（貢献差益）により売上高と原価との関係を見ることができ，それは損益分岐図表として示すことができる。それでは，前の直接原価計算での損益計算書のデータを用いて損益分岐図表を示すと，次のようになる。

損益分岐図表

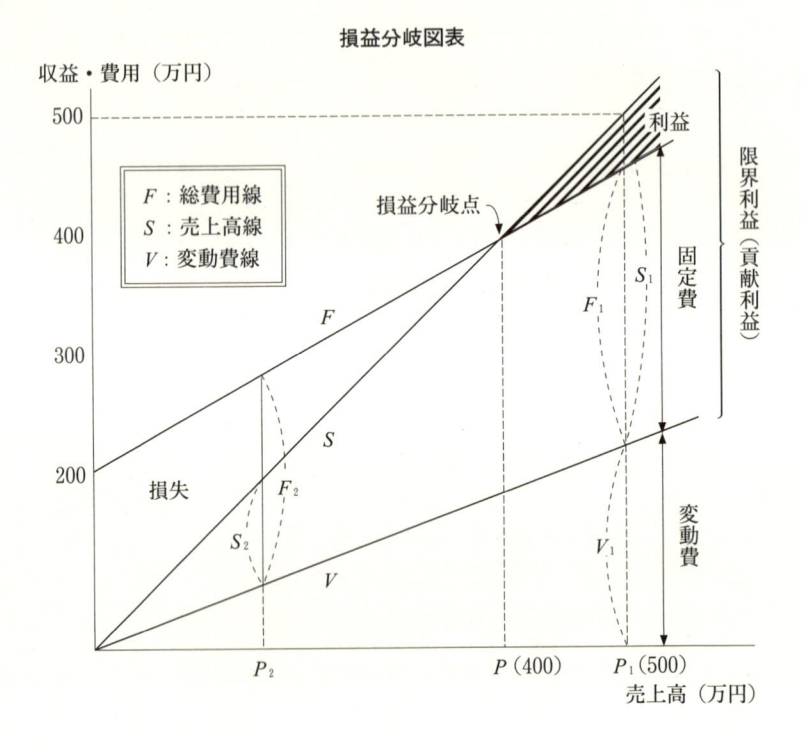

　このように損益分岐図表は，活動量の変化のもとで予想される売上高と原価と収益を示した図表である。

図表上の各直線の意味は，

① 売上高線（S）：一単位500円の一定価格とすると，売上高は販売量に比例して増加することを示している。

② 総費用線（F）：年間固定費は200万円，一単位当たりの変動費は250円であり，この時の原価・活動量・収益の関係を示している。

③ 変動費線（V）：限界利益率（$1-250/500=50\%$）から一単位当たり限界利益（貢献差益）は250円であり，これは利益を生み出すために使う固定費の割合を示している。

　この損益分岐図表から得られる情報は，売上高線Sと総費用線Fとの交わる

点が損益分岐点であり，この点から垂線をおろした点Pが損益分岐点における売上高（400万円）である。そしてこの時の売上数量は，次の式から得られる。

$$損益分岐点における売上数量 = \frac{固定費}{販売価格 - 変動費 \div 販売数量}$$

$$= 固定費 \div (販売価格 - 単位変動費)$$

$$= 固定費 \div 単位限界利益$$

これに設例のデータを代入すると

$$損益分岐点における売上数量 = \frac{200万}{500円 - 250万 \div 1万個}$$

$$= 200万 \div (500 - 250)$$

$$= 200万 \div 250 = 8,000個 \quad となる。$$

また先の損益計算書から，売上高 P_1 は500万円，変動費 V_1 は250万円，固定費 F_1 は200万円であり，この時，固定費は全額回収され，利益として50万円（S_1 と F_1 との差額）であることが図示されている。また仮に売上高が P_2 にとどまるならば，固定費の未回収分（F_2 と S_2 との差額）をうみ，損失を出すことになる。

さらに損益分岐点から企業の**安全率**を計算することができる。設例に基づくと売上高500万円，損益分岐点上の売上高は400万円であり，その差額は100万円である。この場合，売上高が100万円以上減少しなければ，損失が発生しないことになる。これが安全率の程度を示し，その比率は次のような安全率として示すことができる。

$$安全率 = (売上高 - 損益分岐点上の売上高) \div 売上高 \times 100\%$$

$$= (500 - 400) \div 500 \times 100 = 20\%$$

したがって，売上高が20％まで減少しても損失が生じないことになる。
また，この安全率と限界利益率との関係は，次のように見ることができる。

$$安全率 \times 限界利益率 = 20\% \times 50\% = 10\%$$
$$= 売上利益率 = 500,000 \div 5,000,000$$

このように直接原価計算は，ＣＶＰ分析に有用な情報を提供すると同様に，また多品種製品のもとでの**品種の組合せ・選択**を優位にしようとする場合にも有益な情報を提供する。すなわち，全部原価計算では固定費が製品ごとに配賦されるゆえに明確な判断ができない。これに対し直接原価計算では，品種別の限界利益率を利用することによって，品種の組合せ・選択を合理的に判断することができる。たとえば，ある企業が次の資料のような限界利益率をもつ，3つの製品を扱っているものとする。

製品別限界利益資料（製品1単位当たり）

	A製品	B製品	C製品
販売価格	100円	200円	200円
変動費	60円	90円	100円
限界利益	40円	110円	100円
限界利益率	40%	55%	50%

そして設備の稼働能力には制限があり，それが1,000時間までだとする。この時，1時間当たりのＡ・Ｂ・Ｃ製品の生産数量は，それぞれ6個・2個・2個と仮定すると，つぎのような作業時間当たりの限界利益額を示すことができる。

時間当たり限界利益額

	A製品	B製品	C製品
1時間当たり限界利益	240円	220円	200円
1,000時間に対する限界利益	240,000円	220,000円	200,000円

この情報から，企業全体の利益に対してＡが最も貢献し，Ｂ，Ｃと続く，このように生産能力に制約がある場合には，制約要素一単位当たりの限界利益額（**有効限界利益**ともいう）に基づいて生産や販売の組合せ・選択を合理的に行うことができる。

第2節　直接原価計算の会計処理

1　損益計算書の調整

　原価計算制度における原価計算の役割の一つに公表財務諸表の作成があるが，直接原価計算方式による財務諸表をそのまま外部に報告することは認められていない。

　そこで，期間原価（固定費）部分を調整して，利益額および棚卸資産価額が全部原価計算によった場合と等しくなるような財務諸表を作成して，外部に報告しなければならない。

2　記帳処理

　直接原価計算の出発点は，変動費と固定費との区別である。すなわち，製造間接費を変動間接費と固定間接費とに分類し，製造原価を2段階に処理しなければならない。

(1)　変動費としての直接材料費，直接労務費を，製造勘定に振替える。製造間接費諸項目を，それぞれの費目から製造間接費勘定に振替える。

(2)　このうち，変動製造間接費を製造勘定に振替える。製造勘定の借方金額は，直接材料費と変動加工費とからなるので，総合原価計算における期末仕掛品評価の方式で変動製品原価を算定し，製品勘定の借方に振替える。また売上製品の原価部分（変動原価）を，製品勘定から変動売上原価勘定の借方に振替える。

(3)　固定製造原価は，製造間接費勘定から固定製造間接費勘定の借方に振替える。また，販売費及び一般管理費の諸費目も，変動販売費・一般管理費と固定販売費・一般管理費とに分類して，それぞれの勘定の借方に記入しておく。

(4)　売上勘定から月次損益勘定の貸方に月間売上高を振替える。同時に，変動売上原価，変動販売費・一般管理費，固定製造間接費，固定販売費・一

般管理費の金額を，月次損益勘定の借方に振替える。

(5) 月次損益勘定の貸借差額は，直接原価計算による営業利益を表わし，これに対応する月次損益計算書を作成しておく。これを数か月繰返して会計期末を迎えたとき，次のように処理する。

(6) 会計期間内に発生した固定製造間接費額（月次損益勘定に振替済み）を，期末仕掛品量，期末製品量，期間売上製品量の比で按分して，期末仕掛品分と期末製品分をそれぞれの勘定の借方に記入し，同時に損益勘定の貸方に記入する。次に，月次営業利益勘定の累積額を，損益勘定の貸し方に振替える。

以上の手続きによって，全部原価計算方式の勘定記入（棚卸価額，年次営業利益）と同一の結果がえられる。

[例　題] 次の資料をもとに直接原価計算による期末仕掛品原価と完成品原価を求めなさい。

(資料) 　1．当期生産データ（単位：個）

　　　　　期首仕掛品　　　なし　　　　　期末仕掛品　　　500（40%）
　　　　　当期投入量　　2,500　　　　　完　成　品　　2,000
　　　　　合　　　計　　2,500

　　　　2．当期原価データ（単位：円）

　　　　　月初仕掛品　：　なし
　　　　　当　期　投　入　　材　料　費　　：　50,000（すべて変動費）
　　　　　　　　　　　　　　変動加工費　　：　88,000
　　　　　　　　　　　　　　固定加工費　　：100,000
　　　　　　　　　　　　　　販売費及び一般管理費：　70,000

(解説)

① 期末仕掛品原価 ＝ ¥10,000 ＋ ¥8,000 ＝ ¥18,000

$$（材　料　費）¥50,000 \times \frac{500}{2,000+500} = ¥10,000$$

$$（変動加工費）¥88,000 \times \frac{200}{2,000+200} = ¥18,000$$

② 完成品原価 ＝ ¥50,000 ＋ ¥88,000 － ¥18,000 ＝ ¥120,000

[問　題]
(1) 直接原価計算の性格について述べなさい。
(2) 直接原価計算の利益計画における有用性について説明しなさい。
(3) 直接原価計算の価格決定における有用性について説明しなさい。
(4) 直接原価計算の原価管理における有用性について説明しなさい。
(5) 直接原価計算による損益計算書の調整について説明しなさい。
(6) 直接原価計算における記帳処理について説明しなさい。
(7) 次の直接原価計算のデータから損益分岐図表を作成し，その時の損益分岐点における売上高および売上数量を計算しなさい。また，目標利益150万達成のために必要な売上高および売上数量を計算しなさい。

損　益　計　算　書

売　上　高	（@500×20,000個）	1,000万円
変　動　費	600万円	
固　定　費	300万円	900万円
利　　　益		100万円

第10章　標準原価計算

第1節　標準原価計算とその目的

1　管理会計としての標準原価計算

標準原価計算（standard costing）とは，科学的・統計的に発生すべき原価（原価標準）を設定し，それに基づき標準的能率のもとでの予定原価（標準原価）を算定する方法である。歴史的には，第1次産業革命での機械化による固定費の増大により，製造間接費の配賦問題から実際原価計算が生まれ，さらに損益計算の迅速化のために，過去の実績から将来の予定による見積原価計算を経て，科学的管理法と結びついた科学的方法による**予定原価**に基づく標準原価計算へと発展してきたものである。

2　標準原価計算制度

標準原価計算制度について『原価計算基準』では「標準原価計算制度は，製品の標準原価を計算し，これを財務会計の主要帳簿に組み入れ，製品原価の計算と財務会計とが，標準原価をもって有機的に結合する原価計算制度である。標準原価計算制度は，必要な計算段階において実際原価を計算し，これと標準との差異を分析し，報告する計算体系である」としている。

標準原価計算は，実際原価計算とあわせて原価計算制度を形成している構成要素である。すなわち，標準原価計算が制度として実施されるためには，財務会計機構との**有機的結合**と，**継続的実施**との2つの要件を満たさなければならない。また，標準原価計算の手続きは，①企業経営の努力目標としての標準原価の設定，②実際生産量に対する標準原価の計算，③実際原価の計算，④原価差額の計算と分析，⑤原価報告，の5つの過程から成り立っている。

3　標準原価計算の目的

標準原価計算を実施する目的について，『原価計算基準』では，次のように述べている。

(1) 原価管理を効果的にするための原価の標準として，標準原価を設定する。これは，標準原価を設定する最も重要な目的である。
(2) 標準原価は，真実の原価として仕掛品，製品などの棚卸資産価額，および売上原価の算定の基礎となる。
(3) 標準原価は，予算とくに見積財務諸表の作成に，信頼できる基礎を提供する。
(4) 標準原価は，製品の売価決定の基準を提供する。
(5) 標準原価は，これを勘定組織のなかに組入れることによって，記帳を簡略化し迅速化する。

これらの目的のうち，とくに重要なものは**原価管理**への援助であり，原価標準を設定し，これを実際生産量（実際操業度）に掛けて標準原価を計算し，これと実際原価と比較し，両者の差異を分析し，改善処置を講ずるのに役立つ原価情報を提供することである。

第2節　標準原価の種類

1　基準標準原価と当座標準原価

標準原価は，標準の改定頻度の違いにより，**基準標準原価と当座標準原価**とに分類される。

(1) 基準標準原価 … 比較的長期にわたる操業度，価格，作業能率を予定し，これを固定化することによって決定される。したがって，価格水準などが多少変化しても標準原価を改定する必要はなく，その改定は，製品の種類や経営構造に基本的な変化がある場合だけである。このため，静態的標準原価，固定標準などともいわれる。
(2) 当座標準原価 … 経営構造に基本的変化がある場合はもちろん，価格や

能率の水準が変化した場合でも，その現状に合わせて改定される標準原価である。当座標準原価は，現在の予定操業度および予定価格を前提として決定されるから，一定期間における達成目標として原価管理に最も適した原価であり，また真実の原価として，財務会計と有機的に結合する原価である。すなわち標準原価は，当座標準原価であることが適切である。

2 現実的標準原価・正常標準原価・予定標準原価・理想標準原価

『原価計算基準』によれば，標準原価計算制度において用いられる標準原価は，現実的標準原価，または，正常原価であるという。しかし，一般に標準原価というとき，**現実的標準原価・正常標準原価・予定標準原価・理想標準原価**などを挙げることができる。

(1) 現実的標準原価 … 良好な能率のもとにおいて，その達成が期待できる標準原価をいい，通常認められる程度の減損，仕損，遊休時間などの余裕率を含む原価であり，かつ，比較的短期の予定操業度および予定価格を前提として決定され，これら諸条件の変化に伴い，しばしば改定される標準原価である。

(2) 正常標準原価 … 経営における異常な状態を排除し，経営活動に関する比較的長期にわたる過去の実際数値を統計的に平準化し，これに将来の趨勢を加味した正常能率，正常操業度および正常価格に基づいて決定される原価をいう。

(3) 予定標準原価 … 将来における給付の予定消費量と予定価格とをもって計算した原価をいう。実務上，標準原価として，この予定原価が意味される場合が多い。予定原価は，予算編成に適するだけでなく，原価管理および棚卸資産価額の算定のためにも用いられる。

(4) 理想標準原価 … 技術的に達成可能な最大操業度のもとに，最高能率を表わす最低の原価をいい財貨の消費における減損，仕損，遊休時間などについての余裕率を許容しない理想的水準における標準原価である。

3 予定原価計算

　原価計算制度において「予定原価」とは，将来における財貨の予定消費量と予定価格とをもって，計算した原価をいう。この予定原価は，原価計算制度上の実際原価や標準原価に比較される原価概念である。

　原価計算制度上の実際原価は，正常な実際消費量に，予定価格または実際価格を乗じて計算される。また標準原価は，標準消費量に，標準価格または正常価格を乗じて計算される。これに対して予定原価は，価格は将来の一定期間を想定した**予想価格**であり，消費量は，実際に消費した消費量でもなければ，科学的・統計的調査に基づいて決定された消費量でもない。予定原価は，将来における財貨の予定消費量と予定価格とをもって計算した原価である。

　予定原価が，原価計算制度において用いられる場合を「予定原価計算」という。予定原価は，それが用いられる目的により見積原価とも呼ばれる。たとえば，特定の注文や新製品の価格を決定するため，また設備・材料・生産方法の変更が原価に及ぼす影響を検討するための未来原価の計算を「見積原価計算」という。

　この場合の見積原価計算は，予定原価計算の一種であるばかりでなく，特殊原価調査としての性格ももつことになる。すなわち，予定原価は原価管理の目的に用いられ，さらに棚卸資産価額の算定のためにも用いられる。しかし予定原価計算は，主として予算の形で提示される利益計画の策定目的のために利用されるので，「予算原価計算」の性格をもつものといえる。

第3節　標準原価の設定

1　標準直接材料費の算定

　標準原価は，直接材料費，直接労務費などの直接費，および製造間接費について，さらに製品原価について算定され，原価要素の標準は，原則として，**物量標準**と**価格標準**との両面を考慮して算定する。

　標準直接材料費は，次のように算定する。

(1)　標準直接材料費は，直接材料の種類ごとに，製品単位当たりの標準消費量と標準価格とを定め，両者を乗じて算定する。

$$標準直接材料費 = 製品単位当たりの標準消費量 \times 標準価格$$

(2)　標準消費量については，製品の生産に必要な各種素材，部品などの種類，品質，加工の方法および順序などを定め，科学的，統計的調査により，製品単位当たりの各種材料の標準消費量を定める。標準消費量は，通常生ずると認められる程度の減損，仕損などの消費余裕を含む。

(3)　標準価格は，予定価格または正常価格とする。それは，在庫材料の実際価格や将来における価格変動などを考慮して定める。

2　標準直接労務費の設定

標準直接労務費は，次のように算定する。

(1)　標準直接労務費は，直接作業の区分ごとに，製品単位当たりの直接作業の標準時間と標準賃率とを定め，両者を乗じて算定する。

$$標準直接労務費 = 製品単位当たりの標準直接作業時間 \times 標準賃率$$

(2)　標準直接作業時間については，製品の生産に必要な作業の種類別，使用機械工具，作業の方式，および順序，各作業に従事する労働の等級などを定め，作業研究，時間研究など経営の実情に応ずる科学的，統計的調査により，製品単位当たりの各区分作業の標準時間を定める。

　　標準時間は，通常生ずると認められる程度の疲労，身体的必要，手待などの時間的余裕を含む。こうして求められる標準時間は，通常の努力によって達成できる現実的な水準を表わす。

(3)　標準賃率は，予定賃率または正常賃率とする。それは，職種別または等級別に団体協約によって定められた賃率，同種労働に従事する一般賃金水準などに基づいて定める。

3　製造間接費標準の設定

製造間接費の標準は，これを部門別（またはこれを細分した作業単位別，以下これを「部門」という。）に算定する。部門別製造間接費の標準とは，一定期間において各部門に発生すべき製造間接費の予定額をいい，これを部門間接費予算として算定する。その算定法は，実際原価計算における部門別計算の手続きに準ずる。通常，部門間接費予算は，(1) **固定予算**または (2) **変動予算**として設定される。

(1)　固定予算

製造間接費予算を，予算期間において予期される一定の操業度に基づいて算定する場合に，これを固定予算という。

固定費とは，操業度の変動に拘わらず変化しない原価要素をいい，変動費とは，操業度に応じて比例的に増減する原価要素をいう。したがって，予算期間における予定操業度に対応するように変動費予算を見積り，これに固定費要素額を加算すれば，部門別の製造間接費予算を算定することができる。

こうして定められた製造間接費予算は，予算期間中は変更されず，一定の限度内において原価管理に役立つだけでなく，製品に対する標準製造間接費配賦率の算定の基礎となる。

(2)　変動予算

製造間接費の管理をさらに有効にするために，変動予算を設定する。変動予算とは，製造間接費予算を，予算期間に予期される範囲内における種々の操業度に対応して算定した予算をいい，実際間接費額をその操業度の予算と比較して，部門の業績を管理することを可能にする。

4　標準製品原価の設定

標準製品原価は，製品の一定単位につき標準直接材料費，標準直接労務費などを集計し，これに標準間接費配賦率に基づいて算定した標準間接費配賦額を加えて算定する。標準間接費配賦率は，固定予算算定の基礎となる操業度ならびに，この操業度における標準間接費を基礎として算定する。

| 標準製品原価＝標準直接材料費＋標準直接労務費＋標準間接費配賦額 |

　標準原価計算において，加工費の配賦計算を行う場合には，部門加工費の標準を定める。その算定は，製造間接費の標準の算定に準ずる。

［例　題］　次の資料をもとに，A製品の①完成品，および②月末仕掛品の標準原価を計算しなさい。（なお，材料費はすべて工程始点において投入されている。）

（資料）　1．A製品の標準原価

　　　　　　　　直接材料費　＝　＠¥200　×　12kg　　　＝　¥2,400
　　　　　　　　直接労務費　＝　＠¥300　×　8 時間　＝　¥2,400
　　　　　　　　製造間接費　＝　＠¥400　×　8 時間　＝　¥3,200

　　　　　2．当期生産データ（単位：個）

　　　　　　　期首仕掛品　　100（50%）　　期末仕掛品　　150（60%）
　　　　　　　当期投入量　1,000　　　　　　完　成　品　　950
　　　　　　　合　　　計　1,100

（解説）

　完成品原価の計算　　¥8,000　×　950個　＝　¥7,600,000

　月末仕掛品原価の計算　＝　¥360,000　＋　¥216,000　＋　¥288,000　＝　¥864,000
　　　　　　　　　　直接材料費　＝　¥2,400　×　150個　＝　¥360,000
　　　　　　　　　　直接労務費　＝　¥2,400　×　 90個　＝　¥216,000
　　　　　　　　　　製造間接費　＝　¥3,200　×　 90個　＝　¥288,000

第4節　標準原価の改訂と指示

1　標準原価の改訂

　製品単位当たりの標準原価は，標準直接材料費に標準直接労務費ならびに標準製造間接費配賦額を加えて算定するが，これらは会計期間中に改訂されることがある。

すなわち標準原価は，原価管理のためにも，予算編成のためにも，また棚卸資産価額および売上原価算定のためにも，現状に即した標準でなければならないから，常にその適否を吟味し，機械設備，生産方式など生産の基本条件，ならびに材料価格，賃率などに重大な変化が生じた場合には，現状に即するように改訂することが必要となる。

2 標準原価の指示

設定された標準原価は，各人が努力すれば達成できる目標原価であり，一定の責任額を示すものであるから，各管理区分に伝達指示されるとともに，標準原価に対する認識を深めなければならない。

すなわち標準原価は，一定の文書に表示されて，原価発生について責任をもつ各部署に指示されるとともに，この種の文書は，標準原価会計機構における補助記録となる。標準原価を指示する文書の種類，記載事項および様式は，経営の特質によって適当に定められるべきであるが，たとえば，**標準製品原価表，材料明細表，標準作業表，製造間接費予算表**などである。

(1) 標準製品原価表 … 製造指図書に指定された製品単位当たりの標準原価を構成する各種直接材料費の標準，作業種類別の直接労務費の標準，および部門別製造間接費配賦額の標準を，数量的・金額的に表示指定する文書である。

(2) 材料明細表 … 製品の一定単位の生産に必要な直接材料の種類，品質，その標準消費数量などを表示指定する文書である。

(3) 標準作業表 … 製品の一定単位の生産に必要な区分作業の種類，作業部門，使用機械工具，作業の内容，労働等級，各区分作業の標準時間などを表示指示する文書である。

(4) 製造間接費予算表 … 製造間接費予算を費目別に表示指定した費目別予算表と，これをさらに部門別に表示指定した部門別予算表とに分けられ，それぞれ予算期間の総額および各月別予算額を記載する。部門別予算表において必要ある場合には，費目を変動費と固定費，または管理可能費と管理不能費とに区分表示する。

第5節　標準原価計算の会計手続

1　標準原価の計算と記帳

標準原価計算の会計手続としては，次の2つの方法が考えられる。
(1) 標準原価計算を，一般の財務会計機構から切り離して，独立の計算組織とする方法
(2) 標準原価計算を，一般の財務会計機構に組み入れ，財務会計と有機的に結合する方法

(1)の方法は，標準原価計算の目的を原価管理におき，棚卸資産価額の決定や売上原価の計算という目的は考慮されないことになる。これに対して(2)の方法は，標準原価計算を財務会計の機構に組み入れ，財務会計と有機的に結合する方法であるから，標準原価計算の目的を原価管理だけでなく，棚卸資産価額の決定や売上原価の計算という目的も，十分に考慮されることになる。

ところで，標準原価計算を財務会計の機構に組み入れる場合，標準原価と実際原価の差額としての原価差異の算定時点に関して，**単記法**と**並記法**との2つの方法がある。

2　単記法

単記法は，原価要素勘定などの貸借いずれかに標準原価を記入し，他方に実際原価を記入して，標準原価と実際原価とを貸借の原価差異勘定によって結びつけ，両者を一つの会計機構で計算する方法である。当座標準原価計算では，一般にこの方法が採用される。

単記法は，原価差異の算定時点をどこに求めるかによって，パーシャル・プランと，シングル・プランとに区分される。

(1) パーシャル・プラン

これは，またアウト・プット法ともいわれ，製品の生産が完了し，生産数量が確定した時点で標準原価が計算され，実際原価と標準原価とを比較して原価

差異を算定する方法である。この方法は、製品完成と同時に標準原価が計算され、実際原価と比較して原価差異が算定されるから、計算手続が比較的簡単であるという長所をもっている。しかし、原価差異は期末でなければ計算されないから、原価管理の観点から見れば難点がある。

(2) シングル・プラン

これは、またイン・プット法ともいわれ、給付の投入と同時に、その実際原価が標準原価と比較され、原価差異が算定される方法である。この方法は、給付の投入時点で、実際原価は標準原価と原価差異とに分析され、以後はすべて標準価格で記入されることになるから、原価差異の算定が迅速で原価管理のために極めて有効な方法である。

しかし、その原価差異は、直接材料費については出庫伝票を、直接労務費については作業伝票を、伝票ごとに算定しなければならないから、計算事務量が相当に大きくなる。したがって、この方法は、製造指図書などによって、指定数量の完成を厳守しなければならない企業の場合に採用されることになる。

3 並記法

並記法は、原始記録（庫出請求書、作業時間報告書など）、仕訳帳、総勘定元帳に、実際原価と標準原価とを並記する方法である。基準標準原価計算においては、一般にこの方法が採用される。

すなわち、原価管理の目的のためには標準原価が重要であるが、それは真実の原価ではない。したがって、この方法は財務諸表作成のためには、真実の原価である実際原価が採用されなければならないという考え方に基づいている。

[問 題]
(1) 標準原価計算の目的と種類について述べなさい。
(2) 標準直接材料費の算定について説明しなさい。
(3) 標準直接労務費の算定について説明しなさい。
(4) 製造間接費標準の算定について説明しなさい。
(5) 標準原価の指示のための文書について説明しなさい。
(6) 標準原価計算の会計手続について述べなさい。

第11章　原価差異の計算と分析

第1節　実際原価計算制度における原価差異

1　原価差異の算定

　原価差異とは，実際原価計算制度において，原価の一部を予定価格などで計算した場合の原価と実際発生額との差額，また，標準原価計算制度において，標準原価と実際発生額との差額（標準差異）をいう。

　原価差異が生ずる場合には，その大きさを算定記録して分析する。その目的は，原価差異を財務会計上，適正に処理して，製品原価と損益を確定するとともに，その分析結果を各階層の経営管理者に提供することによって，原価の管理に役立たせるためである。

　実際原価計算制度において生ずる主要な原価差異は，次のように分けて算定する。

(1) **材料費差異**（材料副費配賦差異，材料受入価格差異，材料消費価格差異）
(2) **労務費差異**（賃率差異）
(3) **製造間接費差異**（製造間接費配賦差異，加工費配賦差異，補助部門費配賦差異，振替差異）

2　材料費差異

　材料費差異は，次のように分けて算定する。

(1) **材料副費配賦差異** … 材料副費の一部または全部を，予定配賦率で材料の購入原価に算入することから生ずる原価差異であり，一期間における材料副費の配賦額と実際額との差額として算定する。

(2) **材料受入価格差異** … 材料の受入価格を予定価格などで計算することか

ら生ずる原価差異であり，一期間における材料の受入金額と実際受入金額との差額として算定する。

(3) 材料消費価格差異 … 材料の消費価格を予定価格などで計算することから生ずる原価差異であり，一期間における材料費額と実際発生額との差額として算定する。

3 労務費差異

労務費差異は，賃率差異として算定する。賃率差異は，労務費を予定賃率で計算することから生ずる原価差異であり，一期間における労務費額と実際発生額との差額として算定する。

4 製造間接費差異

製造間接費差異は，次のように分けて算定する。

(1) 製造間接費配賦差異 … 製造間接費を予定配賦率で製品に配賦することから生ずる原価差異であり，一期間における製造間接費の配賦額と実際額との差額として算定する。

(2) 加工費配賦差異 … 部門加工費を予定配賦率で製品に配賦することから生ずる原価差異であり，一期間における加工費の配賦額と実際額との差額として算定する。

(3) 補助部門費配賦差異 … 補助部門費を予定配賦率で製造部門に配賦することから生ずる原価差異であり，一期間における補助部門費の配賦額と実際額との差額として算定する。

(4) 振替差異 … 工程間に振り替えられる工程製品の価額を予定原価または正常原価で計算することから生ずる原価差異であり，一期間における工程製品の振替価額と実際額との差額として算定する。

第2節　標準原価計算制度における原価差異

1　原価差異とその原因

標準原価計算制度において生ずる主要な原価差異とその原因は，次のとおりである。

(1) 材料受入価格差異（購入先選定の誤り，購入方法（運賃など）の変化）

(2) 直接材料費差異

　① 価格差異（購入価格の変動，不適当な予定価格または標準価格）

　② 数量差異（不適当な標準消費量の適用，不良材料の使用，不注意などによる正常な状態を超える仕損・減損）

(3) 直接労務費差異

　① 賃率差異（不適当な予定賃率の適用，賃金支払制度の変更，臨時的な賃金ベースの改訂）

　② 作業時間差異（不適当な標準作業時間の適用，工具の未熟練・怠惰，機械工具類の未整備による不能率・作業手待）

(4) 製造間接費差異

　① 予算差異（製造間接費要素の季節的変動，補助材料・賃金水準の変動，不適当な予定価格の適用）

　② 能率差異（作業の不能率，材料の無駄遣い）

　③ 操業度差異（季節的な操業度の変動，機械の故障，製品の需要減退による販売市場の変動）

2　材料受入価格差異

材料受入価格差異は，材料の受入価格を標準価格で計算することから生ずる原価差異であり，標準受入価格と実際受入価格との差異に，実際受入数量を掛けて算定する。

3　直接材料費差異

直接材料費差異は，標準原価による直接材料費と直接材料費の実際発生額との差額であり，これを材料種類別に**価格差異**と**数量差異**とに分析する。

(1) 価格差異 … 材料の標準消費価格と実際消費価格との差異に基づく直接材料費差異であり，直接材料の標準消費価格と実際消費価格との差異に，実際消費数量を掛けて算定する。

(2) 数量差異 … 材料の標準消費数量と実際消費数量との差異に基づく直接材料費差異であり，直接材料の標準消費数量と実際消費数量との差異に，標準消費価格を掛けて算定する。

すなわち，価格差異と数量差異の計算は，次のようになる。

$$価格差異 = (標準価格 - 実際価格) \times 実際消費量$$

$$数量差異 = 標準価格 \times (標準消費量 - 実際消費量)$$

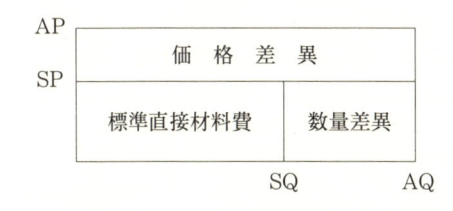

	価　格　差　異	
AP SP		
	標準直接材料費	数量差異
	SQ	AQ

AP：実際原価
SP：標準原価
SQ：標準消費量
AQ：実際消費量

ところで差異総額から，価格差異と数量差異を控除した残りの差異は，「結合差異」といわれ，次のように処理する。

① 結合差異を，適当な基準（たとえば価格差異と数量差異との金額比率など）によって，価格差異と数量差異とに再配分する。
② 結合差異を，独立の差異として価格差異・数量差異から分離する。
③ 結合差異を，実質的に価格差異に含める。

これらの方法のうち，①の再配分の方法は，計算手続が掛かりすぎる難点があり，②の完全分離の方法は，原価管理に役立つ資料の提供という原価差異の計算目的から見れば無益である。そこで結合差異は，実質的に価格差異に含める方法が採用される。

［例　題］　次の資料により，直接材料費差異を計算し，これを価格差異と数量差異とに分析しなさい。

（資料）　製品1kg当たりの材料標準消費量：0.7 kg
　　　　　標準価格1kg当たり：￥750
　　　　　製品実際製造量：300kg
　　　　　材料の実際消費量：250kg
　　　　　実際価格：1kg当たり　￥760

（解説）（△はマイナスを示す）
(1)　標準材料費＝標準価格×標準消費量：￥750×(300kg×0.7)＝￥157,500
　　　実際材料費＝実際価格×実際消費量：￥760×250kg＝￥190,000
　　　材料費差異＝￥157,500－￥190,000＝△￥32,500

(2)　価格差異　＝　(標準価格　－　実際価格)　×　実際消費量
　　　　　　　　＝　(￥750－￥760)×250kg＝△￥2,500
　　　数量差異　＝　標準価格　×　(標準消費量　－　実際消費量)
　　　　　　　　＝　￥750×(210kg－250kg)＝△￥30,000

4　直接労務費差異

　直接労務費差異は，標準原価による直接労務費と直接労務費の実際発生額との差額であり，これを部門別または作業種類別に**賃率差異**と**作業時間差異**とに分析する。

　(1)　賃率差異　…　標準賃率と実際賃率との差異に基づく直接労務費差異であり，標準賃率と実際賃率との差異に，実際作業時間を掛けて算定する。

　(2)　作業時間差異　…　標準作業時間と実際作業時間との差異に基づく直接労務費差異であり，標準作業時間と実際作業時間との差異に，標準賃率を掛けて算定する。

　すなわち，賃率差異と作業時間差異の計算は，次のようになる。

　　賃　率　差　異　＝　(標準賃率　－　実際賃率)　×　実際作業時間

作業時間差異 ＝ 標準賃率 ×（標準作業時間 － 実際作業時間）

	賃　率　差　異		AP：実際賃率
標準直接労務費	作業時間差異		SP：標準賃率
			SQ：標準作業時間
	SQ	AQ	AQ：実際作業時間

[例　題]　次の資料から，直接労務費差異を計算し，これを賃率差異と作業時間差異とに分析しなさい。

(資料)　製品1単位当たりの標準作業時間：3.5時間
　　　　1時間当たりの標準賃率：¥560
　　　　製品の実際生産量：200単位
　　　　実際作業時間：720時間
　　　　実際賃率：¥660

(解説)（△はマイナスを示す）
(1) 標準労務費 ＝ 標準賃率×標準作業時間：¥560×(200×3.5) ＝ ¥392,000
　　実際労務費 ＝ 実際賃率×実際作業時間：¥660×720 ＝ ¥475,200
　　労務費差異 ＝ ¥392,000－¥475,200 ＝ △¥83,200
(2) 賃　率　差　異 ＝（標準賃率 － 実際賃率）× 実際作業時間
　　　　　　　　　 ＝（¥560－¥660）×720 ＝ △¥72,000
　　作業時間差異 ＝ 標準賃率 ×（標準作業時間 － 実際作業時間）
　　　　　　　　　 ＝ 500×(700－720) ＝ △¥11,200

5　製造間接費差異

製造間接費差異は，製造間接費の標準額と実際発生額との差異であり，原則として，一定期間の部門間接費差異として算定し，これを**能率差異，操業度差異**などに適当に分析する。

製造間接費差異分析は，① 予算種類（固定予算・変動予算）と，② 差異の区

分（2分法・3分法）との組み合わせによって，種々の方法がある。再分析の目的，生産形態や原価計算制度，あるいは管理方式などに応じて，適切な方法を選択しなければならない。

(1) 変動予算による間接費差異分析

変動予算による場合には，製造間接費差異は次のように算定分析される。

① 2分法 … 製造間接費差異を，操業度差異・管理可能差異の2つに分析する方法である。

操業度差異とは，操業度の過不足に基づく製造間接費差異をいい，管理可能差異とは，部門管理者の管理可能な責任に基づく製造間接費差異をいう。2分法による差異分析の計算には，次の2つの方法がある。

〈第1法〉

操業度差異 ＝ 配賦標準製造間接費（標準配賦率 × 標準作業時間）
　　　　　　 － 標準作業時間に対する許容予算額

管理可能差異 ＝ 標準作業時間に対する許容予算額 － 実際製造間接費

〈第2法〉

操業度差異 ＝ 配賦標準製造間接費（標準配賦率 × 標準作業時間）
　　　　　　 － 実際作業時間に対する許容予算額

管理可能差異 ＝ 実際作業時間に対する許容予算額 － 実際製造間接費

[例　題] 次の資料から，製造間接費差異を計算し，これを2分法により分析しなさい。

(資料)　製造間接費予算額：固定費 ¥200,000
　　　　変動費：変動費率（標準作業時間当たり¥166）× 標準作業
　　　　時間正常操業度（月間標準時間）：2,000時間
　　　　標準製造間接費配賦率：固定費要素¥100・変動費要素¥166
　　　　実際作業時間：1,450時間
　　　　製造に要した標準作業時間：1,300時間
　　　　実際製造間接費：¥500,000

(**解説**)（△はマイナスを示す）

〈第 1 法〉
(1) 配賦標準製造間接費：¥266×1,300 ＝ ¥345,800
　　実際製造間接費：¥500,000
　　製造間接費差異：¥345,800－¥500,000 ＝ △¥154,200
(2) 操業度差異 ＝ 配賦標準製造間接費（標準配賦率×標準作業時間）
　　　　　　　　－標準作業時間に対する許容予算額
　　　　　　　＝（¥266×1,300）－（¥200,000＋¥166×1,300）
　　　　　　　＝ ¥345,800－¥415,800 ＝ △¥70,000
　　管理可能差異 ＝ 標準作業時間に対する許容予算額－実際製造間接費
　　　　　　　　＝ ¥415,800－¥500,000 ＝ △¥84,200

〈第 2 法〉
　　操業度差異 ＝ 配賦標準製造間接費（標準配賦率×標準作業時間）
　　　　　　　　－実際作業時間に対する許容予算額
　　　　　　　＝（¥266×1,300）－（¥200,000＋¥166×1,450）
　　　　　　　＝ ¥345,800－¥440,700 ＝ △¥94,900
　　管理可能差異 ＝ 実際作業時間に対する許容予算額－実際製造間接費
　　　　　　　　＝ ¥440,700－¥500,000 ＝ △¥59,300

② **3分法** … 製造間接費差異を，予算差異・操業度差異・能率差異の3つに分析する方法である。すなわち，2分法における管理可能差異を，予算差異と能率差異とに細分する方法である。

予算差異とは，製造間接費予算編成の基礎となる間接費要素の価格および消費量の標準と実際との差異に基づく製造間接費差異をいい，能率差異とは，間接費予算編成の基礎となる各部門作業能率の標準と実際との差異に基づく製造間接費差異をいう。

3分法による差異分析の計算には，次の2つの方法がある。

〈その1〉

| 予算差異 ＝ 実際作業時間に対する許容予算額 － 実際製造間接費 |

| 操業度差異 ＝ 配賦標準製造間接費（標準配賦率 × 標準作業時間）
　　　　　　　－標準作業時間に対する許容予算額 |

| 能 率 差 異 ＝ 標準作業時間に対する許容予算額 － 実際作業時間に対する許容予算額 |

〈その2〉

| 予 算 差 異 ＝ 実際作業時間に対する許容予算額 － 実際製造間接費 |

| 操業度差異 ＝ 標準配賦率 × 実際作業時間 － 実際作業時間に対する許容予算額 |

| 能 率 差 異 ＝ 配賦標準製造間接費（標準配賦率 × 標準作業時間）－ 標準配賦率 × 実際作業時間 |

このように，3分法の場合は，能率差異を①標準配賦率で分析する方法（b＋c）と②変動費のみで分析する方法（b）がある。

製造間接費差異の分析方法である2分法，3分法および4分法を比較すると次のようになる。

4 分 法	3分法（その1）	3分法（その2）	2 分 法
予 算 差 異（a）	予算差異（a）	予算差異（a）	管理可能差異 (a+b)
変動費能率差異（b）	能 率 差 異 (b+c)	能率差異（b）	
固定費能率差異（c）		操業度差異 (c+d)	操業度差異 (c+d)
操業度差異（d）	操業度差異（d）		

[例　題] まえの2分法の資料から，3分法によって製造間接費差異（－¥154,200）の分析を行いなさい。

（解説）（△はマイナスを示す）

〈その1〉
(1) 予 算 差 異 ＝ 実際作業時間に対する許容予算額－実際製造間接費
　　　　　　　　＝（200,000＋¥166×1,450）－¥500,000
　　　　　　　　＝ ¥440,700－¥500,000 ＝ △¥59,300
(2) 能 率 差 異 ＝ 配賦標準製造間接費（標準配賦率×標準作業時間）
　　　　　　　　　－標準作業時間に対する許容予算額
　　　　　　　　＝（¥266×1,300）－（¥200,000＋¥166×1,300）
　　　　　　　　＝ ¥345,800－¥415,800 ＝ △¥70,000

(3) 操業度差異 ＝ 標準作業時間に対する許容予算額－実際作業時間に対する許容予算額
　　　　　　　＝ ￥415,800－￥440,700 ＝ △￥24,900

〈その２〉
(1) 予 算 差 異 ＝ 実際作業時間に対する許容予算額－実際製造間接費
　　　　　　　＝ ￥440,700－￥500,000 ＝ △￥59,300
(2) 操業度差異 ＝ 標準配賦率×実際作業時間－実際作業時間に対する許容予算額
　　　　　　　＝ ￥266×1,450－￥440,700 ＝ △￥55,000
(3) 能 率 差 異 ＝ 配賦標準製造間接費（標準配賦率×標準作業時間）
　　　　　　　　－標準配賦率×実際作業時間
　　　　　　　＝ （￥266×1,300）－（￥266×1,450）
　　　　　　　＝ ￥345,800－￥385,700 ＝ △￥39,900

(2) 固定予算による間接費差異分析

固定予算による場合には，製造間接費差異は次のように算定分析される。

> 予 算 差 異＝固定予算による予定製造間接費－実際製造間接費

> 操業度差異＝標準配賦率×(実際作業時間－予定作業時間)

> 能 率 差 異＝標準配賦率×(標準作業時間－実際作業時間)

[例　題] 次の資料から，製造間接費差異を計算し，さらにこれを分析しなさい。

(資料)　製造間接費実際発生額：　　　　　￥2,000,000
　　　　予定操業度における標準作業時間：　8,000 時間
　　　　予定操業度における製造間接費予算額：￥1,960,000
　　　　予定配賦率：　　　　　1時間につき￥245
　　　　実際作業時間：　　　　　　　　　　7,900時間
　　　　実際生産高に対して許容された標準作業時間：7,500時間

(解説)（△はマイナスを示す）
　　　配賦標準間接費：￥245 × 7,500 ＝ ￥1,837,500
　　　実際製造間接費：　　　　　　　　￥2,000,000

製造間接費差異：¥1,837,500 − ¥2,000,000 ＝ △¥162,500

(2) 予算差異 ＝ 固定予算による予定製造間接費 − 実際製造間接費
　　　　　　＝ ¥1,960,000 − ¥2,000,000 ＝ △¥40,000

　　操業度差異 ＝ 標準配賦率×(実際作業時間 − 予定作業時間)
　　　　　　　＝ ¥245×(7,900 − 8,000) ＝ △¥24,500

　　能率差異 ＝ 標準配賦率×(標準作業時間 − 実際作業時間)
　　　　　　 ＝ ¥245×(7,500 − 7,900) ＝ △¥98,000

6　原価差異の会計処理

(1) **実際原価計算制度における原価差異の会計処理**

実際原価計算制度における原価差異の会計処理は，次の方法による。

① 原価差異は，材料受入価格差異を除き，原則として，当年度の売上原価に賦課する。

② 材料受入価格差異は，当年度の材料の払出高と期末有高に配賦する。この場合，材料の期末有高については，材料の適当な種類群別に配賦する。

③ 予定価格などが不適当なため，比較的多額の原価差異が生ずる場合，直接材料費，直接労務費，直接経費，および製造間接費に関する原価差異の処理は，次の方法による。

　1) 個別原価計算の場合 … 次の方法のいずれかによる。

　　a 当年度の売上原価と期末の棚卸資産に，指図書別に配賦する。

　　b 当年度の売上原価と期末の棚卸資産に，科目別に配賦する。

　2) 総合原価計算の場合 … 当年度の売上原価と期末の棚卸資産に，科目別に配賦する。

(2) **標準原価計算制度における原価差異の会計処理**

標準原価計算制度における原価差異の会計処理は，次の方法による。

① 数量差異，作業時間差異，能率差異などで，異常な状態によると認められるものは，非原価項目として処理する。

② ①の場合を除き，原価差異はすべて実際原価計算制度における処理の

方法に準じて処理する。

　すなわち，異常な原価差異は，すべて原価に算入しないで非原価項目として処理する。これに対して正常な原価差異は，すべて実際原価計算制度における原価差異の処理に準じて行うこととしている。したがって，製造着手前に発生する材料受入価格差異は，当年度の材料払出高と期末有高に配賦し，比較的多額の原価差異は，当年度の売上原価と期末棚卸資産に配賦することになる。

[問　題]
(1) 実際原価計算制度における原価差異の種類について述べなさい。
(2) 標準原価計算制度における原価差異の原因について説明しなさい。
(3) 標準原価計算制度における直接材料費差異について述べなさい。
(4) 標準原価計算制度における直接労務費差異について述べなさい。
(5) 標準原価計算制度における製造間接費差異について述べなさい。
(6) 原価差異の会計処理の方法について説明しなさい。
(7) 次の資料を基に，製造間接費に関して①4分法，②3分法（その1・2），③2分法により差異分析を行いなさい。

　（資料）
　　1．標準原価データ
　　　　製　造　間　接　費：@900円×5時間＝4,500円
　　2．当月生産データ
　　　　当　月　着　手　量：1,000個（加工進捗度換算量）
　　3．当月実績データ
　　　　製　造　間　接　費：4,875,000円（直接作業時間：5,050時間）
　　4．製造間接費月間予算データ（公式法変動予算）
　　　　変　動　比　率：@300円／時間
　　　　固定製造間接費予算額：3,300,000円
　　　　基　準　操　業　度：5,500時間

第Ⅳ部　管理会計の方法

第12章　意思決定会計と特殊原価調査

第1節　意思決定会計

1　管理会計の体系

　企業の経営管理を合理的に行うためには，経営管理を担当する経営管理者が必要とする意思決定情報を収拾・分析・整理して，タイムリーに提供しなければならない。すなわち，そこでは，経営者の経営管理職能との関連から，次の2つの領域から成り立っている。

(1) **意思決定会計**

　これは，企業目的の実現のために，長期的観点から経営構造を合理的に構成する経営者とくに首脳経営者の創造的・革新的な職能に関するもので，いわゆる「戦略的意思決定」といわれる領域である。

(2) **業績管理会計**

　これは，経営者・管理者の業績管理職能に関する領域である。こうした職能が，一定の経営構造のもとに展開され，常時反復的に営まれる経営者の経常的な業務遂行の過程である。

2　その他の体系

　上記のような管理会計の体系のほかに，適切な体系としては，次の3つの体系区分が挙げられる。

(1) 技法に基づいた体系 … 計算技法側面から体系づけ
(2) 領域に基づいた体系 … 経営職能領域側面から体系づけ
(3) 職能に基づいた体系 … 経営管理機能側面から体系づけ

(1) 計算技法に基づいた体系

これは，管理会計を計算技法側面から区分し体系づける方法である。管理会計はたしかに歴史的には経営管理目的のための会計技法（予算・原価計算）として発展してきた。しかしながら，1つの会計技法が管理会計もしくは財務会計のいずれかに属さない場合がある。たとえば実際原価計算は，公表財務諸表の作成に必要であると同時に原価業績の評価にも必要であり，これを一方的にどちらかに属させることはできないのである。したがって，このような管理会計の役割・機能を無視した計算技法からの体系区分では，おのずと限界がある。

(2) 経営職能領域に基づいた体系

これは，管理会計を経営職能領域の側面から区分し体系づける方法であり，マッキンジィ（J.O.McKinsey）によって提唱されたものである。マッキンジィは，経営活動を職能領域（過程的職能）に従って販売・購買・運輸・生産などに分け，それぞれでの会計管理について論じている。しかしながらこのような体系づけは，経営階層でのトップ・マネジメントにおける管理会計の問題が無視されているばかりでなく，計画・統制機能のそれぞれに役立つ会計を考慮されていないのである。

(3) 経営管理機能に基づいた体系

これは，管理会計を経営管理機能の側面から区分し体系づける方法であり，すなわち，経営計画と統制機能のそれぞれへの役立ちを思考するものである。この経営管理機能を考慮した代表的な体系としては，次の3つの基本体系が挙げられる。

① 意思決定会計と業績評価会計とに区分する見解。
② 計画会計と統制会計をそれぞれ定型的，非定型的タイプに区分する見解。
③ 戦略的計画，マネジメント・コントロール，オペレーショナル・コントロールに区分する見解。

通常，経営管理は計画 – 統制プロセスとして示され，このプロセスは組織の目的達成のために資源を効果的・効率的に調達・配分することである。このよ

うな経営管理機能（計画-統制）を行うにあたって具体的に管理会計は，どのように役立つかという観点から上記の各種体系が展開されていることになる。

しかしながら，このように経営管理者の機能を計画と統制とに分解しうるが，それは計画と統制を時間的な順序に従って整理しただけであり，そのプロセスは1つである。すなわち，経営管理プロセスは，相互に作用し一方が他方に組み込まれており，このような分割は不可能である。たとえば，予算管理プロセスは予算の編成・承認から始まるが，これらは明らかに1つの計画活動である。しかし，予算はまた統制活動に対しての基礎情報として用いられる。こうした考え方は，とくにアンソニー（R.N.Anthony）がいうマネジメント・コントロールにおいて顕著にあらわれている。

アンソニーは，意思決定のタイプを組織階層における職能や内容の相違から，次のように分類している。

戦略的計画 … 組織の目的やこれら目的の変更，そしてこれら目的の達成のために用いられる諸資源および諸資源の取得・使用・処分をコントロールするポリシーに関する決定プロセスである。

マネジメント・コントロール … 経営管理者が，その組織目標を達成するために，資源を獲得し，それを効果的かつ能率的に使用することを保証するプロセスである。

オペレーショナル・コントロール … 特定の課業が効果的かつ能率的に遂行されることを確保するプロセスである。

このマネジメント・コントロールの定義からも解るように，その主たる機能は組織の全体的諸目標と合致するような意思決定をし，行動するように動機づけることにある。またアンソニーは，マネジメント・コントロールにおいて必要な情報は貨幣的情報であるとしている。と言うのは，マネジメント・コントロールの焦点が，統合化された合計値を報告するために，異質な要素からなるインプットやアウトプット（たとえば，作業時間と作業のタイプ，材料の数量と品質，製品の数量と種類など）を結合し，比較するためのただ1つの公分母として，

貨幣的測定が必要となるからである。したがって「マネジメント・コントロール・プロセスでは，非貨幣的情報は貨幣的情報に調和させられるべきである」としている。しかしながらこのような主張は，貨幣が唯一の測定基準であるということではなく，非貨幣的な量的測度（たとえば在籍者，等級，マーケット・シェア，生産性，産出数量など）のみならず，非貨幣的表現（たとえば品質，能力，協力，その他属性など）も経営管理プロセスにとって有益であり，むしろ非貨幣情報は，マネジメント・コントロールにおいて不可欠な情報であると解すべきであろう。

このように，計画－統制プロセスにおける会計情報は，この貨幣的情報・非貨幣的な量的測度や非数量的表現が各々の局面で測定され，評価されることにより，経営管理者の意思決定に役立つような情報を提供することになる。

前述のように管理会計の体系は，計算技法，経営職能領域，経営管理機能という3つの側面からのアプローチが考えられるが，より具体的にはこれら3つの観点の組合せにより把握することが可能となるであろう。

3 経営の意思決定

経営の意思決定という概念は，次のように広狭さまざまに理解されている。
(1) 最も広義には，経営管理者のすべての職務遂行上の活動に関する意思決定の意味に理解される。この意味での意思決定は，経営管理職能の全般に関するものであり，いわゆる計画も統制もすべて経営の意思決定であると理解する。
(2) 次により狭義には，戦略的意思決定と計画とを包含する広義の「計画」を，意思決定と理解するもので，かなり広く取られている見解である。この意味での計画とは，将来実行される行動を決定する過程であると理解する。
(3) 最も狭義には，戦略的意思決定を意味し，これが経営構造を構成していく意思決定会計の領域である。こうした企業目的実現のための経営者の経営構造の構成に関する職能は，また「**組成職能**」ともいわれる。

4　組成職能の内容

経営者の経営構造の構成に関する組成職能は，次のような5つの内容からなる。

(1) 経営給付

経営が生産し販売提供する給付を決定する事項であり，給付の内容は経営存立の基盤であり，いわば経営の性格を決定する。たとえば，製品の種類，品質などについて決定する製品開発，製品政策などは，経営給付の内容に関する重要な意思決定の問題である。

(2) 経営立地

経営立地は，経営が一定の空間を占めて，そのうえに存立し活動する空間的条件である。これは，経営の購入・製造・販売の諸活動が行われるための場所的条件であり，これを合理的に構成することは経営の重要な意思決定の問題である。

(3) 物的設備

すべての経営活動は，物的設備を媒介として行われる。生産設備構造，すなわち機械装置の様式，能力，規模，配置方式の決定は，これに組合わされる原料，工具，労働などの質と量を規定し，生産方式を決定する。したがって設備政策は，設備構造に関する重要な意思決定の問題である。

(4) 経営組織

経営活動は，物的設備を前提として，経営目的の達成のために協働する経営組織によって行われる。これは，経営の人的構造であり，作業組織および管理組織を意味する。こうした経営組織の構成は，重要な意思決定の問題である。

(5) 財務構造

経営は，資本の投入によって成立する。経営資本の規模と種類の決定は，経営の成立当初だけでなく全生涯にわたる存立発展のための基礎条件である。こうした財務構造は，物的・人的な経営構造とともに経営構造として，その構成は重要な意思決定の問題である。

5　意思決定会計と原価計算

『原価計算基準』によれば，原価計算の目的の1つとして「経営の基本計画を設定するに当たり，これに必要な原価情報を提供すること」を示している。すなわち，「経営の基本計画の設定」が，重要な原価計算の目的の1つであるという。

そして，「ここに基本計画とは，経済の動態的変化に適応して，経営の給付目的である製品，経営立地，生産設備など，経営構造に関する基本的事項について，経営意思を決定し，経営構造を合理的に組成することをいい，随時的に行われる決定である」と述べている。

このように，『原価計算基準』が示している経営の基本計画の設定は，経営者の組成職能に関する意思決定であり，まさに意思決定会計の領域を意味している。そして，こうした経営の基本計画を設定のための原価情報は，特殊原価調査によって提供される。

第2節　特殊原価調査

1　特殊原価調査

制度としての原価計算の範囲外に属するが，広い意味での原価の計算に含まれるものとして「特殊原価調査」がある。

『原価計算基準』によれば，特殊原価調査について次のように述べている。

「広い意味での原価の計算には，原価計算制度以外に，経営の基本計画および予算編成における選択的事項の決定に必要な特殊な原価，たとえば差額原価，機会原価，付加原価などを，臨時に統計的，技術的に調査測定することも含まれる。しかし，こうした特殊原価調査は，制度としての原価計算の範囲外に属するものとして，この基準には含めない」。

このように，『原価計算基準』においては，特殊原価調査は「基本計画」と「予算編成」とに利用されるが，こうした2つの領域に関する「個別計画」(project planning) の問題として理解されている。すなわち，基本計画の設定

は個別的構造計画に関する問題，予算編成は個別的業務計画に関する問題となる。

しかし，すでに述べたように，基本計画は意思決定会計の領域であり，予算編成は業績管理会計の領域の問題であり，両者は基本的に異なる問題である。

2 特殊原価調査の特徴

特殊原価調査は，次のような特徴をもっている。

(1) 特殊原価調査は，非経常的な特殊問題に関する意思決定のために，代替案（ないしプロジェクト）の評価に必要な**未来原価**を，随時，統計的・技術的に調査・測定して，経営者に提供する原価計算の機能である。これは，非経常的な意思決定に役立つ未来原価データの収集を目的とするので，経常的に行われる制度としての原価計算とは区別される。

(2) 特殊原価調査は，企業の利益計画としての計画期間の総合的経営計画であるピリオド・プランニングに対して，個別的な特定の活動のためのプロジェクト・プランニングに関連して，差額原価データを提供する**差額原価分析**の問題であるといわれる。

(3) 特殊原価調査は，現在では一般に広義に解釈して，たんに未来原価だけの推定計算に限定せず，未来収益や投資額の推定計算をも含めた意思決定のための経済計算全体であると考え，「差額原価収益分析」として位置づけられるようになっている。

(4) このような特殊原価調査ないし差額原価収益分析では，経常的原価計算においては一般に用いられることの少ない特殊原価概念，たとえば機会原価，現金支出原価，埋没原価などがしばしば使われる。

3 設備投資問題と現在価値法

経営管理者は企業の基盤である設備を，どのように投資し導入すべきか否かという問題に対して意思決定を行わなければならない。この設備投資問題は長期的に企業に影響を及ぼすがゆえに重要な問題である。そこで経営管理者は設

備投資をして本当に採算が合うか否か,すなわち,投資案選択の意思決定時にその設備投資の経済性を計算する必要性がある。

しかしながら,設備投資の**経済性計算**は,時間的価値を考慮しなければならない。なぜなら,現在の1万円と1年後の1万円では,その価値が異なっているからであり,両者を比較するためには**割引計算**（複利計算）の方法により,1年後の1万円を**現在価値**に変換しなければならない。たとえば,現在10万円を10％の年利子率で運用すれば,1年後には11万円（元金＋利息）となる。このことは逆にいえば,1年後の11万円の現在価値は,年率10％で割引計算すれば10万円ということである。これを数式で示すと次のようになる。

$$\frac{11}{(1+0.1)}$$

これを一般式で示すと次のようになる。

$$P = \frac{Fn}{(1+r)n}$$

（ただし,P：現在価値,F：将来価値,r：利率,n：年度）

また,これと同様に,年率10％の利子率で1年後の10万円を割引計算した場合の現在価値は,P＝10万円／(1＋0.1)1＝10万円／1.1＝90,909円となる。

このような将来価値額の現在価値額への変換を一般に割引キャッシュ・フローと呼んでいる。これを使用して1円の簡単な複利現価表を示してみると,次のようになる。

複利現価表　　（1円の割引評価）

r（利率） n（年度）	5％	10％	15％	20％
1	0.9524	0.9091	0.8696	0.8333
5	.7835	.6209	.4972	.4019
10	.6139	.3855	.2472	.1615
15	.4810	.2394	.1079	.0649
20	.3769	.1486	.0514	.0261

この表から解るように，1円の現在価値，期間（年度）が遅くなるほど減少し，また利子率が高くなるほど減少するのである。

このような**現在価値法（割引キャッシュ・フロー法）**を設備投資の経済性計算に適用し，投資額（キャッシュ・アウトフロー）とそれによって将来得られる回収額（キャッシュ・インフロー）を現在価値に割り引いた現在価値額とを比較する。すなわち，投資額と現在価値額との差額としての正味現在価値によって，その投資の採算性を判断するものである。

[例　題]　ある企業が期間3年間で利子率10％のとき，1,000万円の投資をし，年間のキャッシュ・インフローが500万円であるという設備投資案を検討しているとしよう。この場合の投資案を現在価値法で評価してみると次のようになる。

期間	(1) キャッシュ・フロー	(2) 10％割引率	(1) × (2) 現在価値額
0	－1,000万円	1	－10,000,000円
1	＋　500　〃	0.9091	＋　4,545,500円
2	＋　500　〃	0.8264	＋　4,132,000〃
3	＋　500　〃	0.7513	＋　3,756,500〃

正味現在価値・・・＋　2,434,000円[*]

（*4,545,500＋4,132,000＋3,756,500－10,000,000＝2,434,000円）

以上のことから，この設備投資案は2,434,000円の正味現在価値を提供するものであり，それは期待キャッシュ・フローが10％の投資利回りを提供して余りあることを示している。したがって，この設備投資案は採択すべきであるという結論が得られよう。

4　特殊原価調査における原価情報

特殊原価調査においては，主として次のような原価概念が用いられている。

(1) **増分原価** (incremental cost)

これは、また差額原価（差別原価ともいう）ともいわれ、業務活動の変化から生ずる原価総額の増減分または特定原価要素の変動分である。すなわち、差額原価の多くは変動費であり、たとえば、ある製品の製造継続もしくは中止などの意思決定をする場合、その製品を製造するための直接材料費や直接労務費などの変動費は、意思決定によって変化する差額原価である。

(2) **埋没原価** (sunk cost)

これは、一定の状況のもとでは回収できない歴史的原価である。すなわち、意思決定の結果変化しない原価であり、たとえば、受注を受けるか否か意思決定には、受注を受けても受けなくても現有の設備を処分しない限り、減価償却費は発生し、埋没原価となる。

[例題1] 製造会社A社は、X部品を自家製造しているが、外部の部品メーカーに製造を依頼したところ単価400円の見積額が呈示された。そこで外注にすべきか否か検討中である。また、X部品の単位当たり製造原価は次のとおりである。

	自家製造	外部注文
変動費（材料費など）	300	—
固定費（減価償却費など）	200	200
外部購入	—	400
	500	600

自家製造の場合、X部品の単位当たり製造原価は500円であるのに対して、外注では400円で調達可能ではあるが、上記の比較から自製した方が有利であるとの結論になる。すなわち、固定費（減価償却費など）の部分が製造活動にかかわらず発生する原価であり、この例では、この原価は意思決定に無関係であり、これが埋没原価となる。したがって、実際には、変動費（材料費など）が外注にした場合、発生しない原価であり、どちらの案を選択するかによって発生する差額原価である。

(3) **機会原価**（opportunity cost）

これは，資源の代替的用途のうち1つを捨てることにより失われるであろう利益である。たとえば，A案の原価が200円，B案の原価が220円という2つ代替案がある場合，A案の方が原価が低いので有利であると判断できる。しかし，A案の利益が60円，B案の利益が100円であったとすると，仮にA案を採択したならば，100円が機会原価（200＋100＝300）となり，B案を採択したならば，60円が機会原価（220＋60＝280）となる。このようにA案を採択すると，B案から得られるであろう利益部分から利益を圧迫する原価が発生する。この結果，B案の方が有利であると結論される。

(4) **付加原価**（imputed cost）

これは，実際には現金支出を伴わないが，その価値犠牲を計算できる原価である。たとえば，自己資本利子，自己所有の不動産使用料など通常は費用に含まれないが，活動代替案を評価するために計算上，考慮すべき原価である。

(5) **回避可能原価**（discretionary cost）

これは，経営目的を達成するために必ずしも必須とはならない原価である。ある意思決定の結果，その発生を回避できる原価であり，変動費などがそれにあたる。

(6) **現金支出原価**（out of pocket cost）

これは，経営管理者が一定の意思決定を行うことによって算出される現金の支出を必要とする原価である。増分原価は意思決定によって将来の現金の支出が発生する現金支出原価である場合が多い。

(7) **取替原価**（replacement cost）

これは，現在の市場における原価である。同じものを再取得するために必要な時価により評価された価値額である。

［例題2］　A製品100万円（100個）受注を受けて，過去のデータの基づき原価を計算したところ製造原価は90万円（材料費60万円，加工費30万円）であった。しかし加工費は現状でも変化はないが，原材料の高騰から20％値上がりを

していた。そこでこの受注は採算が合うかどうか検討することにした。また，A製品の製造原価は次のとおりである。

	過去のデータからの計算	新規受注品
売上高	100	100
原価　材料費	60	72
加工費	30　90	30　102
利益	10	△2

　A製品100万円（100個）受注は，原材料の値上げがなければ，利益を生むが，原材料の20％アップにより材料費72万円（60×1.2）になり利益を生まないことから，受注はすべきでないとの結論になる。すなわち，加工費についてはこれまで通り同額であるが，新たに原材料を購入して製造すると得られる見積原価が異なる。この材料費の見積原価が取替原価となり，採算計算に必要となる。

(8)　**管理可能費**（controllable cost）**と管理不能費**（uncontrollable cost）

　これは，ある経営階層の経営管理者のもとで直接管理対象となるもしくは管理対象となりえない原価である。たとえば，設備投資の意思決定では，ある経営管理者の意思決定によりコントロール可能であるが，直接意思決定に関係しない従業員にはコントロールできない。また，固定費などは経営階層により管理可能費や管理不能費になる。

(9)　**延期可能費**（postponable cost）

　これは，現在の業務活動の能率にほとんどもしくは全然影響を及ぼさないで将来に延期できる原価である。現状では延期できるが，将来的には発生する原価であり，たとえば，工場などの建物の修繕維持費は短期的には延期できるが，長期的には発生する費用である。

［問　題］
(1)　意思決定会計について述べなさい。
(2)　経営における組成職能について説明しなさい。
(3)　意思決定会計における原価計算の役割について述べなさい。

(4) 意思決定と個別計画との関連について述べなさい。
(5) 特殊原価調査の特徴を明らかにしなさい。
(6) 特殊原価調査における原価情報について説明しなさい。
(7) 次の設備投資案を評価しなさい。
　① 当初投資額　　　　　　　　2,500万円
　② 資本コスト（利子率）　　　　12%
　③ 設備の耐用年数　　　　　　　5年間
　④ 年間予想キャッシュ・インフロー　550万円
　∴なお，資本コスト（利子率）については，章末（次頁）の複利現価表を参照。

複利現価表

n	5%	6%	7%	8%	9%	10%	11%	12%	13%	14%	15%	20%	25%	30%	40%
1	0.952	0.943	0.935	0.926	0.917	0.909	0.901	0.893	0.885	0.877	0.870	0.833	0.800	0.769	0.714
2	0.907	0.890	0.873	0.857	0.842	0.826	0.812	0.797	0.783	0.769	0.756	0.694	0.640	0.592	0.510
3	0.864	0.840	0.816	0.794	0.772	0.751	0.731	0.712	0.693	0.675	0.658	0.579	0.512	0.455	0.364
4	0.823	0.792	0.763	0.735	0.708	0.683	0.659	0.636	0.616	0.592	0.572	0.482	0.410	0.350	0.260
5	0.784	0.747	0.713	0.681	0.650	0.621	0.593	0.567	0.543	0.519	0.497	0.402	0.328	0.269	0.186
6	0.746	0.705	0.666	0.630	0.596	0.564	0.535	0.507	0.480	0.456	0.432	0.335	0.262	0.207	0.133
7	0.711	0.665	0.623	0.583	0.547	0.513	0.482	0.452	0.425	0.400	0.376	0.279	0.210	0.159	0.095
8	0.677	0.627	0.582	0.540	0.502	0.467	0.434	0.404	0.376	0.351	0.327	0.233	0.168	0.123	0.068
9	0.645	0.592	0.543	0.500	0.460	0.424	0.391	0.361	0.333	0.308	0.284	0.194	0.134	0.094	0.048
10	0.614	0.558	0.508	0.463	0.422	0.386	0.352	0.322	0.295	0.270	0.247	0.162	0.107	0.073	0.035
11	0.585	0.527	0.475	0.429	0.388	0.350	0.317	0.287	0.261	0.237	0.215	0.135	0.086	0.056	0.025
12	0.557	0.497	0.444	0.397	0.356	0.319	0.286	0.257	0.231	0.208	0.187	0.112	0.069	0.043	0.018
13	0.530	0.469	0.415	0.368	0.326	0.290	0.258	0.229	0.204	0.182	0.163	0.093	0.055	0.033	0.013
14	0.505	0.442	0.388	0.340	0.299	0.263	0.232	0.205	0.181	0.160	0.141	0.078	0.044	0.025	0.009
15	0.481	0.417	0.362	0.315	0.275	0.239	0.209	0.183	0.160	0.140	0.123	0.065	0.035	0.020	0.006
16	0.458	0.394	0.339	0.292	0.252	0.218	0.188	0.163	0.142	0.123	0.107	0.054	0.028	0.015	0.005
17	0.436	0.371	0.317	0.270	0.231	0.198	0.170	0.146	0.125	0.108	0.093	0.045	0.023	0.012	0.003
18	0.416	0.350	0.296	0.250	0.212	0.180	0.153	0.130	0.111	0.095	0.081	0.038	0.018	0.009	0.002
19	0.396	0.331	0.277	0.232	0.194	0.164	0.138	0.116	0.098	0.083	0.070	0.031	0.014	0.007	0.002
20	0.377	0.312	0.258	0.215	0.178	0.149	0.124	0.104	0.087	0.073	0.061	0.026	0.012	0.005	0.001
21	0.359	0.294	0.242	0.199	0.164	0.135	0.112	0.093	0.077	0.064	0.053	0.022	0.009	0.004	0.001
22	0.342	0.278	0.226	0.184	0.150	0.123	0.101	0.083	0.068	0.056	0.046	0.018	0.007	0.003	0.001
23	0.326	0.262	0.211	0.170	0.138	0.112	0.091	0.074	0.060	0.049	0.040	0.015	0.006	0.002	⋮
24	0.310	0.247	0.197	0.158	0.126	0.102	0.082	0.066	0.053	0.043	0.035	0.013	0.005	0.002	⋮
25	0.295	0.233	0.184	0.146	0.116	0.092	0.074	0.059	0.047	0.038	0.030	0.010	0.004	0.001	⋮
30	0.231	0.174	0.131	0.099	0.075	0.057	0.044	0.033	0.026	0.020	0.015	0.004	0.001	⋮	⋮
35	0.181	0.130	0.094	0.068	0.049	0.036	0.026	0.019	0.014	0.010	0.008	0.002	⋮	⋮	⋮
40	0.142	0.097	0.067	0.046	0.032	0.022	0.015	0.011	0.008	0.005	0.004	0.001	⋮	⋮	⋮
45	0.111	0.073	0.048	0.031	0.021	0.014	0.009	0.006	0.004	0.003	0.002	⋮	⋮	⋮	⋮
50	0.087	0.054	0.034	0.021	0.013	0.009	0.005	0.003	0.002	0.001	0.001	⋮	⋮	⋮	⋮

第13章　業績管理会計と予算管理

第1節　業績管理会計

1　業績管理会計の内容

業績管理会計は，経営過程に関する経営者の経常的な業務遂行の活動である業績管理職能（狭義の経営管理職能）の領域にかかわる管理会計の分野である。したがって，業績管理職能を，さらに計画職能と統制職能とに分けて考察することができる。もちろん計画と統制とは，相互に他を前提する関係にあり，統制は計画へとフィードバックし，いわゆる経営管理の循環（management cycle）を形成している。

2　計画職能

計画（planning）とは，将来の一定期間における経常的な経営過程のコースを，あらかじめ合理的に決定編成するための意思決定である。この意味で計画は，期間的に反復して設定され，年次計画，月次計画，週次計画などの期間計画は連続性をもっている。

また計画は，経営過程の購入，製造，販売，在庫，資金などの各部分活動の将来のコースを決定し，これを相互に適合調和させ，有機的に体系づけることによって，企業全体の**総合計画**が編成される。経営過程の総合計画は，全社的な期間目標を明らかにし，これを構成する部分活動の計画は，各部分活動の目標を明らかにする。こうした期間的計画の全体系は，具体的には企業予算として表示される。

計画職能は，経営構造の基本的事項に関する意思決定である組成職能とは異なる。組成も計画も，経営の意思決定ではあるが，組成職能は経営構造に関す

る意思決定であり，計画職能は経営過程に関する意思決定である。したがって，組成職能を経営者の**戦略的な** (strategical) **意思決定**というのに対して，計画職能を**戦術的な** (tactical) **意思決定**ということがある。

さらに計画職能は，**期間計画** (period planning) であり，これと個別計画 (project planning) とは異なる。ここで**個別計画**とは，経営者が特定の問題に直面し，将来の活動のコースについて意思決定を行うために，各代替的解決策を評価する過程である。したがって，個別計画は企業の一部分に関する特別の決定であるから，長期的な個別問題と，短期的な個別問題の決定とを含むことになる。

この場合，長期的な個別問題の決定を個別的構造計画，短期的な個別問題の決定を個別的業務計画として区別することができる。個別的構造計画は，その決定・選択が長期にわたり，経営の構造的な枠組みを合理的に組成する意思決定であるから，組成職能に関する経営の基本計画である。これに対して個別的業務計画は，期間計画の前段階に位置する短期的計画設定の問題であり，経営管理者の業務活動に関する計画であるから，予算管理に織り込まれることになる。

3　統制職能

統制 (control) は，また管理（狭義）ともいわれる。すなわち，原価管理，予算管理，品質管理，在庫管理などといわれる。統制とは，経営管理者の経営過程における実施活動を，所期の計画通りに実現させるための経営者の活動である。

こうした統制の機能は，収益の形成，費用の発生，有高の形成，資金の流れなどの各領域において，一定の秩序のもとに**統制制度**として行われる。たとえば，原価管理制度，予算管理制度，工程管理制度などである。

近代的な統制においては，まず，将来の一定期間における経常的な経営過程のコースが計画として設定され，これが実施部門の努力目標として指示され伝達される。次に，各部門活動が実施された結果について測定記録が行われ，実績が計画と対照比較される。その結果，実績と計画との差異が認識され，その

差異発生の原因が評価分析される。この分析の結果が報告され，これに基づいて是正措置がとられる。

こうした過去における経営活動の実績が，次の計画設定のための基礎資料として利用される。したがって，統制制度においては計画→実施→統制，さらに統制から次の計画へのフィードバックという経営管理の循環が見られる。

4 業績管理会計と予算管理

業績管理会計は，業績管理職能のすべての過程を通じて，会計情報を経営管理者に提供することを任務とする情報システムである。業績管理会計における情報は，2つの方向に流れる。すなわち，計画された業績を示す情報が事前に現場の管理者に流れ，また達成された業績を示す情報が事後にその反対方向に流れる。

こうした業績管理会計は，具体的には予算管理として実施される。すなわち，企業予算は，経営計画を総合的に表示したものであり，経営者の計画職能のための会計制度である。また同時に企業予算は，経営者の包括的統制のために機能する会計制度でもある。このように予算制度は，業績管理会計の中心的な管理制度であり，企業の総合的な経営管理の方法である。

第2節 予算管理

1 予算の機能

企業予算は，予算によって利益計画を具体化し，販売，製造，購買，財務などの各部門を総合的に調整・編成し，実施活動を統制しようとするものであり，次の2つの機能をもっている。

(1) 経営計画としての予算

予算は，将来の一定期間の経常的な業務活動の計画を，あらかじめ合理的に編成したものである。予算を編成することは，計画的経営のための先決条件であり，これによって，企業の活動に方向を与え，企業の諸部分活動を**調整**する

ことができる。

　こうした経営計画としての企業予算は，消費規制を目的とする公共予算と本質的に異なる。企業の場合には，消費規制は日々の営業活動と直接に結びつかない調査研究費や広告費などのいくつかの経費に適用されるに過ぎない。これに対して企業予算は，企業におけるすべての経営活動について立てられる経営計画である。

　予算は，その経営計画としての性格から，できるだけ経営の最下層にまで及び，およそ測定可能な最小の職域にまで分割されなければならない。しかも，それぞれの職域に与えられる予算は，それぞれの職域に適した分析形態で作成されることが望ましいから，必ずしも貨幣額で表示されることなく，物理的な単位での予算も必要とされることがある。

(2) 経営管理の手段としての予算

　予算は，企業全体および企業の各階層，各部門の業務活動の最善の達成目標であり，準拠すべき指針であるから，企業全体および企業の各業務活動を管理するための総合的な手段となる。このような経営管理の手段としての予算は，営業活動の総合（synthesis）であり，分析（analysis）であるといわれる。

　予算を編成するさい，経営の最下層，細分された最小の職域から出発して，順次に総合予算にまで及ぶという方法は，必ずしも実際的ではない。むしろ，ある種の支出または部門に対する全体的な見積から出発するのが一般的であり，次にその主要な支出予算に対して細分化された職域ごとの支出項目を適合させる。たとえば，主要な営業部門として製造部門を考えれば，まず全体的な製造予算が立てられ，それがさらに詳細な職域ごとの予算に分割されることになる。

2　経営計画と企業予算

　経営計画と企業予算との関係については，次のように区分して考察することができる。

(1) 利益計画と損益予算

　企業は，利益の獲得を主要な目的としている。すなわち，経営活動の出発点

は，確立された**利益目標**（profit goal）である。こうした利益目標は，利益計画として設定される。

利益計画における予定利益は，企業が実現を希望する利益でなければならない。こうした予定利益を算定するには，次のような方法がある。

① 配当から算定する方法 … これは，企業が配当の維持を1つの目標としていることから，**配当率**の大きさから，企業が獲得しなければならない予定利益を算定する方法である。

たとえば，資本金 ¥10,000,000, 株主配当金を年2割，社内留保を利益の20%とすれば，予定利益は次のように算定される。

$$予定利益 = \frac{資本金 \times 配当率}{1 - 社内留保率}$$

$$= (¥10,000,000 \times 20\%) \div (1 - 20\%) = ¥2,500,000$$

② 資本利益率から算定する方法 … これは，企業の収益性，すなわち投下資本に対する利益の関係を表わす**資本利益率**を，利益計画の基本的要素とする方法である。

たとえば，所要資本利益率を90%（配当率15%，社内留保率75%）とし，資本金は総資本の10%として，資本利益率を計算すれば，次のとおりである。

$$総資本利益率 = 所要資本利益率 \times 資本金比率 = 90\% \times 10\% = 9\%$$

③ 損益分岐点分析から算定する方法 … これは，企業の採算点を表わす損益分岐点分析に基づいて予定利益を算定する方法である。**損益分岐点分析**は，企業の売上高（収益）・費用・利益の関係，すなわち採算関係に関する実績を明らかにするから，これを資料として予定利益を算定することができる。このため，損益分岐点分析による利益計画は，大綱的利益計画といわれる。

利益計画は，一方においては企業の収益計画，他方においては企業の費用計

画から成り立つ。したがって，企業の利益計画は，収益計画と費用計画から構成される。こうした利益計画は，具体的には損益予算の形で総合的に示される。

(2) 資金計画と資金予算

　企業の経営活動が円滑に行われるためには，資金需要と資金調達との調整が必要とされる。これが資金計画であって，将来の一定期間にわたる種々の経済的諸条件の変化を前提として，資金需要を予測し，これに対する資金充足を計画し，資金の需要と充足との金額的・期間的合致を図ることを目標として設定される。

　こうした**資金計画の目的**は，次の2つに要約することができる。

　① 企業が，長期的見地からと短期的見地からとを問わず，必要とする資金をもつように計画すること。

　② 利用できる資金に余剰があるときには，これを有効に利用する機会を，あらかじめ考慮する手段を提供すること。

　すなわち資金計画は，企業の資金繰りに関する計画であり，その中心的思考は，需要充足計算の原理である。このように，資金計画はいわば**流動性計画**であるのに対して，利益計画は企業の採算に関する計画であり，経済性計画であるといわれる。

　企業の流動性は，期間的に資金収支を適合させる計画によって維持される。したがって，このような期間的な資金計画は，一般に資金の短期計画といわれる。これに対して，将来の発展を目指す企業では，単に特定の期間についてだけでなく，将来に向かっても流動性の維持を図るように努める。とりわけ，設備投資のための資金需要とその充足のためには，いわゆる資金の長期計画が必要とされる。このような資金計画は，具体的には，資金予算の形で総合的に示される。

3　損益予算の体系

　損益予算は，企業の採算に関する計画を表わす予算である。すなわち，購入・製造・販売という企業の経営活動からの収益と費用に関する予算であり，これ

らの諸活動の計画が購入予算・製造予算・販売予算として編成される。こうした部分予算は，総合予算である損益予算に総括される。

企業予算は，市場調査や需要予測や企業の製造能力に照らして定められる将来の一期間の販売計画に基づいて編成される。それは，具体的には，次のような部分予算として立てられる。

(1) **販売予算**

企業の販売計画が，販売予算として立てられる。販売予算は，まず売上高予算として一期間の売上高の計画が，月別・製品別・販売地域別・販売員別などに立てられる。また，販売計画を達成するために必要な販売費が，販売費予算として販売費目別・月別・製品別・販売地域別・販売員別などに作成される。さらに，販売活動を円滑に推進するために，製品の在庫計画が製品有高予算として，製品別・月別・保管場所別などに立てられる。

(2) **製造予算**

企業の販売計画を達成するために，工場や設備能力の運転を前提として，生産計画が製造予算として作成される。製造予算は，まず生産高予算として，製品の生産計画が製品別・月別・工場別などに立てられる。また，生産計画を達成するために必要な生産費が，製造原価予算として製品別・月別・工場別などに作成される。

(3) **購入予算**

企業の生産計画を達成するために，原材料の購入計画が購入予算として立てられる。購入予算は，まず購入高予算として，原材料の購入計画が原材料種類別・月別・購入先別などに立てられる。また，購入計画を達成するために必要な購入費が，購入費予算として費目別・月別などに作成される。さらに，生産活動と購入活動を円滑に推進するために，原材料の在庫計画が原材料有高予算として原材料種類別・月別・保管場所別などに立てられる。

(4) **その他の予算**

そのほか，企業の管理活動に関する計画を表わすものとして，一般管理費予算がある。とにかく，すべての営業過程が予算として編成され，その結果とし

て企業のすべての業務活動が予算の形で計画化される。これに対して，財務活動の計画に伴う収益・費用に関する計画が，営業外損益予算として作成される。

これらの部分予算としての営業予算・営業外損益予算が，総合予算としての損益予算に総括される。これは，また予定損益計算書の形式で作成される場合もある。

4 損益予算表の作成

損益予算は，すべての原価（費用）を変動費と固定費とに分解し，変動費を売上高に対する比率として測定して，これに基づいて作成する方法がある。次に，こうした損益予算の作り方について説明する。

たとえば，ある変動費項目の作業時間1時間当たりの金額を10円とし，製品の製造に要する作業時間数合計を1万時間，売上高を40万円とすれば，変動費率は次のように計算される。

$$変動費率 = 作業時間1時間当たりの変動費 \times （作業時間数 \div 売上高）$$
$$= ¥10 \times (10,000 \div ¥400,000) = 25\%$$

[例　題]　次の資料から，損益予算表を作成しなさい。
　(資料)　(1)　労 務 費 予 算：売上高の12%とする。
　　　　　(2)　材 料 費 予 算：売上高の30%とする。
　　　　　(3)　製造間接費予算：変動費部分は売上高に対する比率（たとえば20%）として予定し，固定費部分は絶対額（たとえば3万円）を見積もる。したがって，¥30,000＋売上高の20%となる。
　　　　　(4)　製 造 原 価 予 算：これは(1)＋(2)＋(3)である。したがって，売上原価＝¥30,000＋売上高の62%となる。
　　　　　(5)　売上総利益予算：売上高－売上原価(4)である。したがって，売上高の38%－¥30,000となる。
　　　　　(6)　販 売 費 予 算：これも変動費部分と固定費部分とに分けて，

¥70,000＋売上高の6％と仮定する。
(7) 一般管理費予算：これも販売費と同様に分離するが，ここでは固定費¥140,000と仮定する。
(8) 総営業費予算：これは(4)+(6)+(8)である。したがって，
¥240,000＋売上高の68％となる。
(9) 営業利益予算：売上高－営業費合計(4)である。したがって，
売上高の32％－¥240,000となる。
(10) 営業外損益予算：正味の営業外利益を¥60,000と仮定する。
(11) 当期利益予算：これは(9)+(10)である。したがって，
売上高の32％－¥180,000となる。
(12) 予算期間の損益分岐点は次のように仮定する。
売上総利益分岐点＝¥ 78,950
営業利益分岐点＝¥750,000
当期利益分岐点＝¥562,500
(13) 売上高予算：これを¥1,200,000と仮定する。

(解説)
資料から，損益予算表を作成すれば，次のとおりである。

損益予算表

売上高		1,200,000
売上原価		
材　料　費	360,000	
労　務　費	144,000	
間　接　費	270,000	
合　　計		774,000
売上総利益		426,000
一般管理費	140,000	
販　売　費	142,000	282,000
営業利益		144,000
営業外収益（経費控除）		60,000
当期純利益		204,000

5　資金予算の編成

　資金予算は，企業の資金繰りに関する計画を表わす予算である。すなわち，企業の補助的な活動である財務活動からの資金の収入と支出に関する予算であり，これらの諸活動の計画が現金収支予算・信用予算・資本予算として編成される。こうした部分予算は，総合予算である資金予算に総括される。総合予算としての資金予算は，次のように作成される。

(1) 現金収支予算

　これは，各部分予算から収入・支出の予定額を集めて編成する。すなわち，部分予算である売上高予算から現金売上による収入予定額，購入予算から現金仕入れによる支出予定額，製造予算から賃金・給料，製造間接費の支出予定額，販売費および管理費予算から管理販売費の支出予定額，営業外損益予算から営業外損益の収入・支出予定額が，それぞれ現金収支予算に集められる。

(2) 信用予算

　これは，また**運転資本予算**ともいわれ，債権・債務の発生と決済に関する計画を表わす予算である。信用予算は，まず各部分予算から債権・債務の発生予定額を集める。すなわち，部分予算である売上高予算から掛売上・手形売上による債権発生予定額，購入予算から掛仕入・手形仕入による債務発生予定額，さらにその他の予算から債権・債務の発生予定額が，それぞれ信用予算に集められる。

　次に，過去の実績などにより，債権の回収予定額，債務の返済予定額が見積もられ，その結果，この年度に算入される収入・支出の予定額が，現金収支予算に繰入れられる。

(3) 資本予算

　これは，設備投資と，そのための資金調達に関する計画を表わす予算である。企業の設備投資計画に基づく支出予定額と，設備投資のための資金調達計画に基づく収入予定額とが，現金収支予算にこの年度に算入される収入・支出の予定額として，現金収支予算に繰入れられる。

　こうした資金予算の立て方を示すと，次のとおりである。

資金予算の立て方

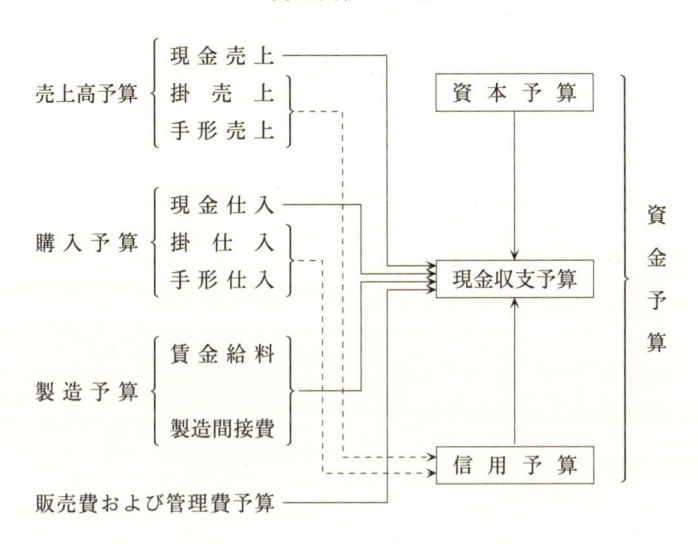

```
                  ┌ 現 金 売 上 ──────────┐
          売上高予算┤ 掛  売  上  ╌╌╌╌╌╌╌┐│
                  └ 手 形 売 上 ╌╌╌╌╌╌┐││                     ┐
                                    │││   ┌─────────┐        │
                                    │││   │ 資 本 予 算 │      │
                                    │││   └────┬────┘        │
                  ┌ 現 金 仕 入 ─────┼┼┼────────┼─┐           │
          購入予算 ┤ 掛  仕  入  ╌╌╌┐│││        ↓ │           │資
                  └ 手 形 仕 入 ╌╌┐││││   ┌─────────┐        │金
                                │││││⇒⇒⇒│ 現金収支予算 │     ├予
                                │││││   └─────────┘        │算
                  ┌ 賃 金 給 料 ─┼┼┼┼┼───────↑              │
          製造予算 ┤             │││││                      │
                  └ 製造間接費 ─┼┼┼┼┼──┐                   │
                                │││││  │   ┌─────────┐    │
                                │││││  └──→│ 信 用 予 算 │   │
  販売費および管理費予算 ─────────┘╌╌╌╌╌╌╌╌→└─────────┘     ┘
```

　営業予算は，経営活動の計画を表わすもので，営業活動の管理の手段となる。これは，営業外損益予算を加えて，企業の収益・費用に関する予算として，最終的には損益予算として総合される。これに対して，資金予算は，資金計画を表わすもので，資金管理の手段となる。これは，営業予算・営業外損益予算から，資金の収入・支出に関する部分だけが総合されて作成される。

［問　題］
(1)　業績管理会計について述べなさい。
(2)　経営における計画職能について説明しなさい。
(3)　経営における統制職能について説明しなさい。
(4)　経営計画と企業予算との関係を明らかにしなさい。
(5)　企業の採算に関する予算としての損益予算について述べなさい。
(6)　企業の資金繰りに関する予算としての資金予算について述べなさい。

第14章　ABCとABM

第1節　活動基準原価計算

1　活動基準原価計算（Activity-Based Costing）の意義

　今日の企業の努力による多品種少量生産化や生産の効率化の発展に伴って，材料費・労務費の効率化が推し進められてきた。その結果，近年においては，材料費・労務費はともに減少傾向にある。しかし，これに反して製造間接費は増加傾向にある。

　これまで伝統的な原価計算技法として，標準原価計算や直接原価計算などが，原価の管理や低減において有用性を強調してきた。しかし，製造間接費に対する伝統的な原価計算技法における**配賦計算**では，経営管理に役立つ製品原価情報を得ることが困難となってきた。この問題を克服する技法として，活動基準原価計算が提唱された。

　ジョンソンとキャプランは，その著書において，伝統的な全部原価計算は，労務費や材料費に基づいた単純な基準を製造間接費の配賦に用いるがゆえに歪んだ製品原価が計算されるとし，原価の発生要因に基づいた配賦が必要であると指摘した。

　すなわち，これまで製造原価に対して製造間接費の割合が低く，また，製品の製造の大部分が直接工の作業で行われることにより，直接労務費が製造原価に対して割合が高かった製造現場では，製造間接費の配賦基準として直接作業時間（または直接労務費）を用い配賦計算をすることに妥当性があった。しかし，今日的に製造現場は，生産の技術革新により機械化・自動化をもたらし，結果として製造原価に対して直接労務費の割合も減少した。さらに，顧客ニーズに対応すべく少品種大量生産から多品種少量生産へと生産形態も変化した。たと

えば，小ロット多品種生産による段取りコストの増加，品質管理などの生産支援コストの増加，物流費の増加，情報関連投資費用の増加など，顧客ニーズへのきめ細かな対応をするため，必要な間接労務費や間接経費が次第に増加した。こうしたコストを正確に原価に反映しなくては，適切な原価管理も不可能であり，そこで，考えられたのがABCによる原価計算である。

(Johnson, H. T. and R. S. Kaplan, *Relevance Lost: The Rise and Fall of Management Accounting*, Harvard Business School Press, 1987)

2 伝統的な原価計算と活動基準原価計算

伝統的な原価計算では，製造製品が原価を発生させることを前提として配賦計算がなされ，原価計算が計算上，製造間接費の製品の配賦基準として操業度関連基準（直接作業時間，機械作業時間，生産量など）を用い配賦計算をしていた。

たとえば，伝統的な個別原価計算では，製造間接費を部門に跡づけ（部門個別費の各部門への配賦，部門共通費の各部門への配賦，そして補助部門費の製造部門への配賦），次に製造部門に集計された製造間接費が，直接作業時間などの操業度をもとにした配賦基準によって製品に配賦されることになる。すなわち，製造間接費を部門に集計し，部門に集計された製造間接費を操業度などに関する配賦基準に基づいて製造製品に負担させる。この結果，製造間接費の製品への配賦は経営実態を反映できないだけではなく，製造製品の原価が適切に計算されず，誤った製品戦略を導くという問題が生じた。

このような配賦計算をする伝統的な原価計算に対しより正確な原価計算を行うため活動基準原価計算が登場した。ABCでは，活動が原価を発生させ，製造製品が活動を発生させることを前提として配賦計算がなされる。すなわち，製造間接費を部門に集計せず，製造間接費は，それぞれの**活動ごとに集計され**る。ABCは，たんに製造間接費を配賦する基準を厳密にした会計と思われている面が多い。しかし，活動基準原価計算は間接業務を業務以下の活動のレベルまで分解する。その分解した活動における関与者の時間の割り振りをして，各人の時間当たり単価を乗じて活動ごとのコストを把握する。この調査が活動

基準原価計算の基本となる。それによって、製品・サービスや顧客別にコストの把握を可能とする。

3 ABCの基礎概念

今日のように多品種少量生産での製造活動の結果生じた製造間接費の中には、直接作業時間などの操業度に応じて発生するものもあれば、それとは無関係に発生する段取費のような原価もある。その結果、大量生産では配賦基準が大きくなるので過大な原価負担が生じ、かたや少量生産では過小な原価負担が生じることになる。

ABCでは、経営組織で発生する経済的な活動ごとに間接費を集計（この集計された原価をコスト・プールと呼んでいる）する。これを活動基準（これをABCではコスト・ドライバーと呼んでいる。たとえば、段取費用であれば段取回数、品質管理費であればそれに携わる人数、設計費であれば設計図の枚数など）の**原価発生要因**（配賦基準）に基づいて、製造製品に負担させる。

伝統的な原価計算では、製造間接費を**コスト・プール**として部門別に集計していた。これに対しABCでは、経営組織で消費された経営資源を活動ごとに集計し、これを製造製品に**コスト・ドライバー**の基準により配賦される。コスト・ドライバーは、製品を製造するために必要な活動量を規定する因果関係を把握するのに用いられ、コスト・ドライバーにより、どの製造製品がどの活動を、どのくらい消費したのかが明らかになる。

コスト・ドライバーとは、原価を発生させる要因、あるいはその要因の量を反映する物量的尺度をいい、以下の2つのタイプに大別される。まず、経営資源の消費によって発生する原価を、資源を消費する活動へ跡づける際に用いられるコスト・ドライバーは、**資源ドライバー**（resource driver）と呼ばれる。資源ドライバーにより、どの活動が、どの資源を、どれだけ消費したかが明らかになる。また、コスト・プールに集計された活動原価を、各製品に割り当てる際に用いられるコスト・ドライバーは、**活動ドライバー**（activity driver）と呼ばれる。活動ドライバーにより、どの製品が、どの活動を、どれだけ消費し

たかが明らかになる。

4 活動（アクティビティ）とコスト・ドライバー

　ABCは，経営資源を消費して行われる活動を識別することから始まる。活動（activity）とは，所与の製品あるいはサービスを生み出す人，技術，材料，方法，環境の結合体であり，製品などの原価計算対象を生み出すために経営資源を消費する過程を活動という。クーパーらは，活動を次の4つの階層に分類し，レベルに応じた原価の集計が行われるとしている。また，製品への活動原価の割り当てにあたっては，製品によるそれぞれの活動の消費量を反映するコスト・ドライバー（活動ドライバー）が用いられることを指摘した。(Cooper, et al., 1992)

　(1)　**ユニット・レベル活動**（unit-level activities）… 活動量が製品の製造量あるいは直接作業時間や機械運転時間などの量的な単位に比例する活動である。たとえば，機械作業は，機械運転時間に比例する。製品の品質検査（全数検査など）のための間接労働は，製品生産量に比例する。したがって，コスト・ドライバーとしては，機械作業コスト（電力料，減価償却費，維持費など）には機械運転時間を，品質検査コスト（検査工賃金）には製品生産量を使用することができる。

　(2)　**バッチ・レベル活動**（batch-level activities）… 活動量がバッチ（1回の購入，1回の製造などをいい，ロットともいう）の数に関連する活動である。機械の段取り（setup；機械の調整などの製造準備作業），マテハン（material handling；原材料や資材の社内運搬），材料の発注処理などは，バッチの数に関連している。したがって，コスト・ドライバーとしては，段取作業コスト（段取費）には段取回数・段取時間（段取回数×1回当たり段取時間）を，マテハン・コストには運搬回数・重量を，材料の発注処理コスト（発注費）には注文回数・注文書作成枚数を使用することができる。なお，品質検査が1ロットに対して1回というようなかたちで行われているならば，品質検査コストもこのレベルのものとなり，コスト・ドライバーとして検査回数を使用する。

(3) **製品支援活動**（product-sustaining activities）… 特定の製品を支援するための活動である。たとえば，個別の製品の設計・設計変更などの活動であり，これらのコストは，設計時間・設計変更依頼件数などをコスト・ドライバーとして使用する。

 (4) **工場支援活動**（facility-sustaining activities）… 工場施設の製造活動全般を支援する管理活動である。この管理活動コスト（工場建物の減価償却費，火災保険料，固定資産税，工場長の給料など）は，各製品に共通であり，特定の製品に跡づけることは困難であるがゆえに，操業度関連基準（直接作業時間，機械作業時間，生産量など）を手掛かりに配賦計算をする。

5 原価計算の計算ステップ

　従来の製造業で行われている原価計算は，まず，次の①から③の範疇内で計算方法が選択される。
　① 原価計算の対象範囲を決める（直接の製造原価か，間接費を含む総原価か）
　② どの時点での原価をとるかを決める（製造後の実際原価か，製造前の見積原価か，事前に算出したあるべき標準原価か）
　③ 原価の集計対象を決める（製品ごとか，一定期間の総原価か）
　次に製造後に実際にかかった原価をもとに，製品ごとの製造原価を算出する場合，ABCでは，次のようなステップを踏んで原価集計・原価配賦が行われる。
　(1) 損益計算書に計上する費用を活動単位（Activity）ごとに分類する。
　(2) 活動に要した費用を原価計算対象ごとに配賦する。
　すなわち，コスト・プールに活動単位ごとに分類・集計され，たとえば製造業では，諸活動（設計，工程管理，品質検査，受注，発注，請求，搬入，納品，段取り，工場の保守，安全対策など）ごとに間接費を分類・集計する。また，これらの活動に要した人件費も，かかった時間をベースに費用が算出される。
　次に原価対象とする製品ごと，あるいは部門別に，活動単位に分類しておいた製造間接費をコスト・ドライバーによって配賦する。その配賦方法は，コス

ト・ドライバー（設計回数，納品回数，返品回数，請求回数，頻度など），の基準に基づいて行われる。

6 伝統的な原価計算とABCとの製造間接費の配賦計算例

[例　題] 当社は2種類の製品を製造しており，A製品は2時間で20個，B製品は8時間で100個生産している。また，この時の製造間接費は下記のようであった。
（製造間接費のコスト・ドライバー（配賦基準）は直接作業時間）

　　製造間接費：45,000円
　　直接作業時間：10時間
　　　したがって，製造間接費の配賦率は，
　　　　￥45,000 ÷ 10 ＝ 4,500円／時間

(1) 伝統的な原価計算（個別原価計算）による製造間接費の配賦例
　　　A製品 ＝ 2時間 × ￥4,500 ＝ ￥9,000（＠￥450）
　　　B製品 ＝ 8時間 × ￥4,500 ＝ ￥36,000（＠￥360）　となる。

しかしながら，製造間接費を直接作業時間の基準で配賦計算することは良いが，作業の内容はさまざまであり，単一な配賦基準ではおおざっぱな計算になる。たとえば，製造上の段取り回数が各製品1回ずつ（コスト・ドライバー）だとすれば，22,500円ずつの配賦として考えれば，
　　　A製品 ＝ ￥22,500（＠￥1,125）
　　　B製品 ＝ ￥22,500（＠￥ 225）　と計算される。

このような段取り回数の他に製造上では，設計，工程管理，品質検査，受注，発注，請求，搬入，納品，段取り，工場の保守，安全対策などが作業内容となる。したがって，このような活動単位ごとに原価を集計（コスト・プール）し，それにしたがい製造間接費を配賦することによって，より説得力のある実態を反映した計算となり，また，経営戦略上，重要な情報を提供することができる。

(2) ABCによる製造間接費の配賦例

　製造間接費（45,000円）は，下記のようなコスト・プールおよびコスト・ドライバーであった。

コスト・プール	コスト・ドライバー	A製品	B製品	製造間接費
機械加工	機械運転時間	1	9	12,000円
組立作業	組立作業時間	1	11	18,000円
段取作業	段取り回数	1	2	6,000円
マテハン	材料出庫回数	3	12	9,000円

　コスト・ドライバー1単位当たりの原価（活動原価率）は，次のようになる。

　　機械加工：¥12,000 ÷ 10 ＝ ¥1,200
　　組立作業：¥18,000 ÷ 12 ＝ ¥1,500
　　段取作業：¥ 6,000 ÷ 3 ＝ ¥2,000
　　マテハン：¥ 9,000 ÷ 15 ＝ ¥ 600

　また，この時の各製品への活動別の配賦額は次のようになる。

　　　　《機械加工》　　　　　　　　《組立作業》
　A製品：¥1,200 × 1 ＝ ¥ 1,200　　A製品：¥1,500 × 1 ＝ ¥ 1,500
　B製品：¥1,200 × 9 ＝ ¥10,800　　B製品：¥1,500 × 11 ＝ ¥16,500

　　　　《段取作業》　　　　　　　　《マテハン》
　A製品：¥2,000 × 1 ＝ ¥2,000　　A製品：¥600 × 3 ＝ ¥1,800
　B製品：¥2,000 × 2 ＝ ¥4,000　　B製品：¥600 × 12 ＝ ¥7,200

　したがって，A製品・B製品への製造間接費の配賦額は次のようになる。

　　A製品：¥ 1,200＋¥ 1,500＋¥ 2,000＋¥ 1,800＝¥ 6,500 （@¥650）
　　B製品：¥10,800＋¥16,500＋¥ 4,000＋¥ 7,200＝¥38,500 （@¥385）

　このようにABCは，製造間接費を活動に跡づけることにより，活動から原

価を割り当てる。すなわち，ABCでは，製造間接費を適切なコスト・ドライバーに基づいて製品に原価を跡づけることにより，製造活動の複雑化・多様化からもたらされる製造間接費を製品原価に適切に反映させることができる。

第2節　ABCとABM

1　ABCと経営管理

　これまで経営管理のためには，標準原価が変動費管理に，予算が固定費管理に，操業度差異分析が操業度管理に用いられていた。すなわち，実際原価計算により実際の発生原価を測定し，標準原価計算で示された標準原価あるいは予算との比較により，原価の消費を管理してきたのである。

　しかしながら，今日では標準原価による原価管理の有用性に限界が認められるようになった。というのは，多品種少量生産化や生産の自動化などの発展により，目標額としての標準原価を設定し，使用することに限界が現れることとなった。すなわち，**多品種少量生産化**により標準原価の算定が困難となり，また，生産の自動化により，労務作業能率や材料消費能率を管理する必要性が減少したためである。

2　ABCの適用

　このような状況のもとに，革新的な管理会計技法としてABCが展開されている。当初，ABCは，正確な製品原価情報を提供することを目的として成立したが，その理論面での展開・熟成とともに，経営上の様々な側面でABCの適用が期待されている。たとえば，山本教授らは，ABCの展開として次の3点を挙げている。

　(1) **戦略的な利用** … ABCによって得られる製品原価により，諸活動がどのように構造的な変化をもたらすかという情報を提供する。また，ABCによって得られる製品原価は，経営管理者が必要とする長期的視点からの情報を提供する。そして，ABCによって得られる製品原価は，活動（コスト・ドライバー）

を反映した正確な原価を提供するゆえに，競争市場での価格決定に役立つ情報を提供する。

(2) **業績評価** … ABCでは，業績評価としてコスト・ドライバー分析を用いることにより，工場の効率性や部門の原価改善を支援する情報を提供する。また，ABCによる責任会計は，組織の相互依存性の要求と継続的学習を密接に合致させるシステムとして展開される。

(3) **製品設計への影響** … FA化により生産段階での原価管理の必要性が減少し，製品の計画段階（製品設計・設備計画など）で原価低減を必要とする。ABCでは，原価の発生原因を活動に求めることから，計画段階における意思決定が製品原価に及ぼす影響について正確な情報を提供する。

3 生産計画とABC

ABCは，たんに伝統的な原価計算における製造間接費の配賦計算の緻密化だけを目的としたものではなく，また経営戦略上，有用な原価情報を提供することができる。

たとえば，ある製造業者がA製品とB製品とを生産販売しているとし，明年度の生産販売数量はA製品1,600個で，B製品200個であり，その時，伝統的な原価計算による予算は次のようであった。

	製品A		製品B	
売 上 高	14,000千円	(@8,750円)	6,200千円	(@31,000円)
直接労務費	2,000		500	
直接材料費	3,000		600	
製造間接費	8,000		2,000	
総 原 価	13,000	(@8,125円)	3,100	(@15,500円)

この予算からA製品とB製品との利益率を比較すると，A製品がB製品より利益率が低いことが解る。しかし，製造間接費総額10,000千円のコスト・プー

ルが４つに集計されることが明らかになり，また，製造間接費は，下記のような コスト・プールおよびコスト・ドライバーをもとに明年度の予算を再検討することとなった。

コスト・プール	コスト・ドライバー	A製品	B製品	製造間接費
機械作業	機械運転時間	40時間	110時間	6,000千円
段取組立	段取回数	2回	6回	1,000千円
生産管理	製造指図書枚数	1枚	9枚	2,500千円
マテハン	材料出庫回数	4回	12回	500千円

コスト・ドライバー単位当たりの原価は，

　　機械作業：6,000÷150＝400,000円　　段取組立：1,000÷ 8＝125,000円
　　生産管理：2,500÷ 10＝250,000円　　マテハン： 500÷16＝ 31,250円

また，この時の各製品への活動別の配賦額は次のようになる。

　　　　　　《機械作業》　　　　　　　　　　《段取組立》
　　A製品：400,000× 40＝1,600千円　　A製品：125,000× 2＝250千円
　　B製品：400,000×110＝4,400千円　　B製品：125,000× 6＝750千円

　　　　　　《生産管理》　　　　　　　　　　《マテハン》
　　A製品：250,000× 1＝ 250千円　　A製品：31,250× 4＝125千円
　　B製品：250,000× 9＝2,250千円　　B製品：31,250×12＝375千円

したがって，A製品・B製品への製造間接費の配賦額は，

　　A製品：1,600 ＋ 250 ＋ 250 ＋ 125 ＝ 2,225千円
　　B製品：4,400 ＋ 750 ＋ 2,250 ＋ 375 ＝ 7,775千円

これをもとに次年度の予算を示すと次のようになる。

	製品A	製品B
売 上 高	14,000千円（@8,750円）	6,200千円（@31,000円）
直接労務費	2,000	500
直接材料費	3,000	600

製造間接費	2,225	7,775
総 原 価	7,225（≒@4,516円）	8,875（≒@ 44,375円）
売上総利益	6,775（≒@4,234円）	△2,675（≒@△13,375円）

　以上のことから，A製品とB製品とを比較すると，A製品は企業にとって利益を生むものであるが，B製品は，ABCにより製造間接費を配賦すると売価よりコスト（単位当たりのコスト）が上回ることから，生産もしくは販売価格を見直す必要性が，明らかになるであろう。

4　ABCとABM（Activity-Based Management）

　ABCの展開の重要な点は，管理会計への適用である。当初，ABCは，正確な製品原価情報を提供することを目的として発展してきたが，経営管理上の有用性から，原価管理，予算管理，利益管理，業績評価，意思決定および企業のリストラクチャリングなどの問題に対して利用されるようになった。このことはABCからABM（**活動基準原価管理**）への展開を意味している。

　このようなABCとABMは，どのような関係にあるのであろうか。これに関して，ラフィシュとターニーは，次のように定義した。

　ABCは「活動，資源および原価計算対象の原価と業績を測定する方法である。」これに対してABMは「顧客によって受け取られる価値，およびこの価値を提供することによって達成される利益を改善するための方法として，活動の管理に焦点をおく研究である。この研究はコスト・ドライバー分析，アクティ

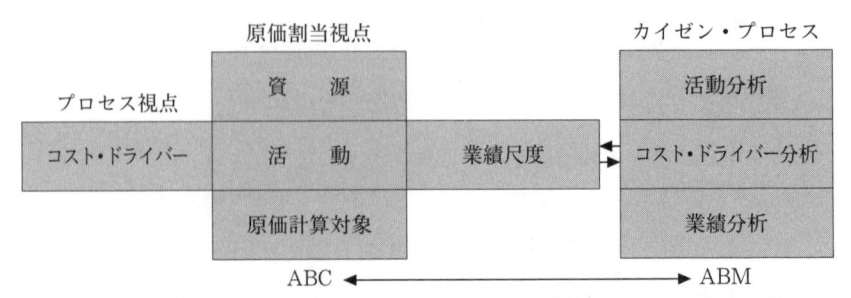

出典：Raffish N. and Peter B.B. Turney, Glossary of Activity Based Costing, *Journal of Cost Management*, Vol.5, No.3, Fall, 1991, p.54.

ビティ分析および業績測定（分析）が含まれる。ABMはその情報源としてABCを利用する」と定義している。

また，ABCとABMとの関係を下記のように示している。

5　ABMと業績評価

前記の図によると，ABCにおける原価配賦の視点は，活動を通じて原価計算の対象として原価を配賦する。これに対して，活動をコントロールするという内部志向的側面を重視するのがプロセス視点である。このプロセス視点は，活動の連鎖を重視するものであり，これらをさらに強調したものが，継続的改善プロセスとしてのABMである。

また，このプロセス視点は，アクティビティによる業績評価測定値を，生産プロセスにおける原価管理に関する価値分析を結びつけ，継続的な改善を目指すものである。このようなABMによる継続的な改善における3つの価値分析（**アクティビティ分析，コスト・ドライバー分析，業績分析**）について，ターニーは次のように指摘している。

まずアクティビティ分析では，不必要な活動を識別し，重要な活動を絞り込んで分析・比較（価値連鎖分析）し，諸活動間の関係を検討する。

次にコスト・ドライバー分析では，不必要な活動や水準以下の活動における非付加価値活動の原因（原価作用因分析）を探求し，ムダを排除する。

さらに業績分析では，各活動の問題点を明確にし，従業員に伝達し，測定尺度を選択し，アクティビティ分析をもとに原価低減活動が展開される。したがって，アクティビティ分析をもととした原価低減活動の展開は，活動の実施方法の改善を目的として経営資源の再配分をすることが業績分析である。

このような意味から継続的改善プロセスは，原価管理の視点から生産プロセスで発生した原価がABCから導き出された業績評価基準に基づいて評価されることによって実現されることになる。

[問　題]
(1) 活動基準原価計算について説明しなさい。
(2) 伝統的な原価計算と活動基準原価計算の相違点について説明しなさい。
(3) コスト・ドライバーについて説明しなさい。
(4) ABMについて説明しなさい。
(5) ABMとABCとの関係性について説明しなさい。
(6) ABMと業績評価について述べなさい。

参考文献

青木茂雄監修・櫻井通晴訳『A.A.A.原価・管理会計基準』中央経済社，1981年
新井益太郎『原価計算入門』同文舘出版，1984年
伊藤俊雄『会計・管理・財務の世界』中部日本教育文化会，2006年
伊藤博『管理会計の世紀』同文舘出版，1992年
岡野憲治『現代管理会計の展開』1993年
岡本清『原価計算』国元書房，2000年
久保田音二郎編『管理会計』有斐閣双書，1992年
原価研究会編『原価計算テキスト』同文舘，1989年
小林健吾『予算管理発達史』創成社，1987年
小林哲夫『原価計算』中央経済社，1991年
小林哲夫『現代原価計算』中央経済社，1994年
坂手恭介『原価管理の実務』日本生産性本部，1975年
坂手恭介『原価計算』実教出版，1978年
櫻井通晴『間接費の管理』中央経済社，1995年
櫻井通晴『管理会計』同文舘出版，2004年
佐藤正雄『原価管理の理論』同文舘出版，1993年
清水誠一『経営原価計算』中央経済社，1990年
谷武幸『事業部業績管理会計の基礎』中央経済社，1984年
津曲直躬『管理会計論』国元書房，1979年
豊島儀一『意思決定原価計算』同文舘出版，1979年
原田行男編『基本原価計算』中央経済社，1991年
番場喜一郎『原価計算論』中央経済社，1963年
伏見多美雄『経営の戦略管理会計』中央経済社，1992年
古田隆紀『現代管理会計論』中央経済社，1997年
溝口一雄『例解原価計算』中央経済社，1987年
溝口一雄『管理会計の基礎』中央経済社，1987年
安永・白木・佐藤・高松『会計学概説』中央経済社，1997年
山形休司『原価理論研究』中央経済社，1968年
山辺六郎『原価計算論』千倉書房，1974年
吉川武男訳『ABCマネジメント』中央経済社，1994年
吉田弥雄『予算管理』同文舘，1981年

索　引

〈あ〉

後入先出法	66
安全率	107

〈い〉

意思決定会計	9
一般管理費	94
一般管理費予算	157

〈う〉

売上勘定	34
売上原価勘定	34
売上高線	106

〈え〉

営業外損益予算	158
営業費	94
ABM	172
ABC	163
延期可能費	148

〈お〉

オペレーショナル・コントロール	139

〈か〉

会計情報	3
階梯式配賦法	51
回避可能原価	147
価格決定	101
価格差異	125
加工費工程別総合原価計算	69, 72
加工費配賦差異	123

価値犠牲	28
価値的基準法	86
活動	165
活動基準原価管理	172
活動単位	166
活動ドライバー	164
勘定機構	3
完成品	60
完成品換算量の例	61
完成品単位原価	62
間接経費	42
間接費	25
管理会計	7
管理会計の体系	137
管理可能費	26, 148
管理不能費	26, 148
管理報告書	8

〈き〉

機械運転時間法	88
機会原価	147
期間計画	11, 17, 152
期間計算	29
期間原価	22
企業予算	154
期首仕掛品原価	60
基準標準原価	113
基礎原価	20
機能別分類	39
基本計画	17, 142
期末仕掛品	60
給付	18
給付単位計算	28

業績管理会計	11	工場支援活動	166
業績管理職能	151	工程損失	68
許容原価	103	工程別総合原価計算	69
		購入材料費計算	40
〈く〉		購入予算	157
組別総合原価計算	76	コスト・ドライバー	164
		コスト・プール	164
〈け〉		固定費	26, 99
経営管理	7	固定予算	117, 131
経営給付	141	個別計画	17, 152
経営計画	154	個別原価計算	32, 83
経営組織	141		
経営立地	141	〈さ〉	
計画	11, 151	財務会計	6
計画職能	11	財務会計機構	29
形態別分類	39	財務構造	141
経費	24, 42	財務諸表	6
経費勘定	33	材料受入価格差異	122
結合差異	125	材料勘定	33
限界原価計算	100	材料消費価格差異	123
限界利益	100	材料費	24, 39
原価加算契約	15	材料副費	40
原価管理	102	材料副費配賦差異	122
原価計算基準	14, 112	材料明細表	119
原価計算制度	29, 31	先入先出法	65
原価単位	59	作業くず	80, 92
原価能率	16	作業時間差異	126
原価要素別評価法	61	三原価要素	24
現金支出原価	147	3分法	129
現金収支予算	160		
現在価値法	143, 145	〈し〉	
現実的標準原価	114	CVP分析	103
		時間的基準法	86
〈こ〉		資金	156
貢献利益	102	資金計画	156
工場管理部門	45	資金予算	156, 160

市場価格	15
仕損品	91
実際原価	20
実際原価計算制度	30
支払経費	43
支払賃金計算	41
資本予算	160
資本利益率	155
受注生産	31
主要材料費	25
準固定費	26
消費材料費計算	40
消費賃金計算	41
シングル・プラン	121
信用予算	160

〈す〉

数量差異	125
数量的基準法	86

〈せ〉

正常標準原価	114
製造（仕掛品）勘定	34
製造間接費	84
製造間接費勘定	34
製造間接費配賦差異	123
製造間接費予算表	119
製造指図書	83
製造部門	44
製造予算	157
制度会計	7
製品勘定	34
製品関連分類	40
製品原価	21
製品支援活動	166
製品別計算	32, 59

設備投資問題	143
前工程振替費	70
全部原価	22
全部原価要素工程別総合原価計算	69
戦略的計画	139

〈そ〉

総原価	23
総合原価計算	31
相互配賦法	54
総費用線	106
増分原価	146
素価	23
素価法	90
測定経費	43
組成職能	9, 140
損益計算書	15
損益分岐点	104
損益分岐点分析	155
損益分岐分析	103
損益予算	156

〈た〉

第一原価	23
貸借対照表	14
多品種少量生産化	169
単純総合原価計算	60

〈ち〉

中性費用	19
直接経費	42, 84
直接原価計算	30
直接原価計算制度	30
直接原価法	90
直接材料費	84
直接材料費法	89

直接作業時間法	87		販売費及び一般管理費	94
直接配賦法	49		販売費及び一般管理費勘定	34
直接費	25		販売予算	157
直接利益	100			
直接労務費	84		〈ひ〉	
直接労務費法	89		非原価項目	20
賃率差異	126		費目別計算	32
			評価省略法	62
〈つ〉			標準	12
月割経費	43		標準原価	21
			標準原価計算	113
〈て〉			標準原価計算制度	30
伝統的会計システム	3		標準作業法	119
伝統的な原価計算	163		標準製品原価表	119
			ピリオド・コスト	22
〈と〉			非累加法	71
等価比率	74		比例計算	29
等級別総合原価計算	75		品種の組合せ	108
当座標準原価	113			
統制	12, 152		〈ふ〉	
統制職能	11		フィルター1	5
特殊原価調査	31, 143		フィルター2	5
取替原価	147		フィルター3	5
			フィルター4	5
〈に〉			付加原価	19, 147
2分法	128		副産物	78
			複利現価表	150
〈は〉			物的設備	141
パーシャル・プラン	120		部分原価	22
配当	155		部分原価計算	100
配賦基準	46		部分原価評価法	62
場所別計算	44		部門共通費	45
発生経費	43		部門個別費	45
バッチ・レベル活動	165		部門別計算	32, 44
販売間接費	95		振替差異	123
販売直接費	95		プロジェクト・プランニング	10

プロダクト・コスト	21

〈へ〉

平均法	62
変動原価計算	100
変動費	26, 99
変動費線	106
変動予算	117, 128

〈ほ〉

補助材料費	25
補助部門	45
補助部門費の配賦	48
補助部門費配賦差異	123

〈ま〉

埋没原価	146
マネジメント・コントロール	139
満足基準	10

〈み〉

見込生産	31
見積原価計算	115
見積売却価額	79

〈も〉

目的費用	19
目標利益	105

〈ゆ〉

ユニット・レベル活動	165

〈よ〉

予算	16
予算管理	153
予算差異	129
予定原価	112, 115
予定原価計算	115
予定原価法	62
予定標準原価	114

〈り〉

利益計画	100, 103
利益目標	16, 155
理想標準原価	114

〈る〉

累加法	70

〈れ〉

歴史的原価	146
連産品	80

〈ろ〉

労務費	24, 41
労務費勘定	33

〈わ〉

割引計算	144

【著者紹介】

高松和宣（たかまつかずのぶ）

　昭和63年　創価大学大学院　博士後期課程　満期退学
　現　　在　名古屋経済大学・経営学部　教授

〈著　書〉
『現代簿記会計』（税務経理協会）
『企業会計要論』（創成社）
『会計学概説』（共著，中央経済社）
『情報システム組織論』（共訳，オーム社）など

原価・管理会計

平成18年 9 月15日　　第 1 版発行
平成23年 4 月 1 日　　第 2 版発行

著　　者：高松和宣
発行者：長谷雅春
発行所：有限会社五絃舎
　　　　〒173-0025　東京都板橋区熊野町46-7-402
　　　　電話・ファックス：03-3957-5587
組　　版：Office Five Strings
印刷・製本：モリモト印刷
Printed in Japan
ISBN978-4-86434-003-8
検印省略　ⓒ 2011　KAZUNOBU TAKAMATU

落丁・乱丁はお取り替えします。
本書より無断転載を禁ず。